坂井豐貴

Toyotaka Sakai——著　　　陳正芬——譯

個體經濟學
入門的入門

看圖就懂！10堂課了解最基本的經濟觀念

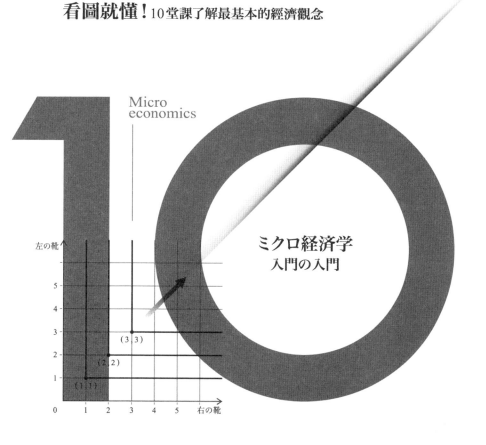

Micro economics

ミクロ経済学
入門の入門

經濟趨勢 67

個體經濟學　入門的入門

看圖就懂！10堂課了解最基本的經濟觀念

作　　　者　坂井豐貴（Toyotaka Sakai）
譯　　　者　陳正芬
責 任 編 輯　林博華
行 銷 業 務　劉順眾、顏宏紋、李君宜

總　編　輯　林博華
發　行　人　涂玉雲
出　　　版　經濟新潮社
　　　　　　104台北市中山區民生東路二段141號5樓
　　　　　　電話：(02) 2500-7696　傳真：(02) 2500-1955
　　　　　　經濟新潮社部落格：http://ecocite.pixnet.net
發　　　行　英屬蓋曼群島商家庭傳媒股份有限公司城邦分公司
　　　　　　104台北市中山區民生東路二段141號11樓
　　　　　　客服服務專線：02-25007718；25007719
　　　　　　24小時傳真專線：02-25001990；25001991
　　　　　　服務時間：週一至週五上午09:30~12:00；下午13:30~17:00
　　　　　　劃撥帳號：19863813　戶名：書虫股份有限公司
　　　　　　讀者服務信箱：service@readingclub.com.tw
香港發行所　城邦（香港）出版集團有限公司
　　　　　　香港灣仔駱克道193號東超商業中心1樓
　　　　　　電話：(852) 25086231　傳真：(852) 25789337
　　　　　　E-mail: hkcite@biznetvigator.com
馬新發行所　城邦（馬新）出版集團 Cite (M) Sdn Bhd
　　　　　　41, Jalan Radin Anum, Bandar Baru Sri Petaling,
　　　　　　57000 Kuala Lumpur, Malaysia.
　　　　　　電話：(603) 90578822　傳真：(603) 90576622
　　　　　　E-mail: cite@cite.com.my
印　　　刷　漾格科技股份有限公司
初 版 一 刷　2019年2月19日

城邦讀書花園
www.cite.com.tw

ISBN：978-986-97086-5-4　　　版權所有‧翻印必究

定價：320元　　　Printed in Taiwan

〈出版緣起〉

我們在商業性、全球化的世界中生活

經濟新潮社編輯部

　　跨入二十一世紀，放眼這個世界，不能不感到這是「全球化」及「商業力量無遠弗屆」的時代。隨著資訊科技的進步、網路的普及，我們可以輕鬆地和認識或不認識的朋友交流；同時，企業巨人在我們日常生活中所扮演的角色，也是日益重要，甚至不可或缺。

　　在這樣的背景下，我們可以說，無論是企業或個人，都面臨了巨大的挑戰與無限的機會。

　　本著「以人為本位，在商業性、全球化的世界中生活」為宗旨，我們成立了「經濟新潮社」，以探索未來的經營管理、經濟趨勢、投資理財為目標，使讀者能更快掌握時代的脈動，抓住最新的趨勢，並在全球化的世界裏，

過更人性的生活。

　　之所以選擇「**經營管理—經濟趨勢—投資理財**」為主要目標，其實包含了我們的關注：「經營管理」是企業體（或非營利組織）的成長與永續之道；「投資理財」是個人的安身之道；而「經濟趨勢」則是會影響這兩者的變數。綜合來看，可以涵蓋我們所關注的「個人生活」和「組織生活」這兩個面向。

　　這也可以說明我們命名為「經濟新潮」的緣由—因為經濟狀況變化萬千，最終還是群眾心理的反映，離不開「人」的因素；這也是我們「以人為本位」的初衷。

　　手機廣告裏有一句名言：「科技始終來自人性。」我們倒期待「商業始終來自人性」，並努力在往後的編輯與出版的過程中實踐。

化繁為簡，為你打開經濟學的大門

馮勃翰／臺大經濟系副教授

對許多人來說，經濟學是一門困難的學科。不只是邏輯複雜，大學課堂裡往往還充斥著抽象的數學語言，更加造成了理解上的困難。或許是因為如此，我遇過不少人在畢業了之後仍然對經濟學感到害怕。

可是，經濟學所探討的核心課題是關乎人如何做選擇、人在選擇的過程中如何對誘因做出反應，以及不同的人所做的選擇如何交織出市場上的各種現象。這些課題，明明就和我們平日的生活息息相關。

那麼，一門理應要是「入世」的學科，它的基本分析方法能不能用簡單明瞭的方式來介紹？這本輕薄短小、言

簡意賅的《個體經濟學 入門的入門》，就是希望能達到這樣的目的。

作者坂井豐貴和我同樣畢業自美國的羅徹斯特大學，他的指導教授威廉・湯姆森（William Thomson）是學界公認的教學天才。湯姆森總能用一般人的口語語言搭配在黑板上畫圖，就把各種數學定理的證明解釋清楚。上課時把觀念釐清了，事後我們再回去自己讀講義或論文裡的數學，往往就豁然開朗。當年我去上湯姆森的課，為的不是學他課堂裡教的經濟學觀念，而是學他如何教書。坂井豐貴在天分與努力之餘，也得到了湯姆森的真傳，而且青出於藍。

舉例來說，假設政府對某項物品課稅但是可以自由選擇向「買方」或「賣方」收稅，兩種做法有何不同？（答案是沒有不同，因為稅賦可以透過定價被轉嫁。）這個題目幾乎出現在每一本入門的經濟學教科書上，但許多大學老師在解釋背後觀念時會卡住，教科書上拐彎抹角的邏輯也常讓許多學生感到挫折。坂井豐貴在本書中用很簡單的方式就把複雜的觀念說清楚，我初讀此書時也為此感到佩服。

　　這本書特別適合兩種讀者。首先，這本書適合做為高中公民老師的自我進修讀物。書中介紹經濟學的方式，包括一些簡單的圖形分析和作者饒富個人風格的舉例，既可做為課堂上的補充材料，也可為老師們發展教案帶來觸發。程度好的高中生，也可以推薦他們來讀。再者，這本書也適合那些在大學裡修習經濟學卻感到困難的學生。拿本書和你的「經濟學原理」或「個體經濟學」教科書搭配著讀，會有助於理解和觸類旁通。

　　需要提醒的是，本書基本上還是一本經濟學的教科書，儘管寫得淺白易懂，在寫法上還是不同於《蘋果橘子經濟學》或《競合策略》那樣充滿故事性和娛樂性的經濟學科普讀物。但這本書建立了個體經濟學的基本分析方法，而且充分把複雜的事物用簡單的方式說清楚。

　　如果你也有興趣讀坂井豐貴寫的經濟學科普書，我自己非常喜歡《如何設計市場機制》（經濟新潮社出版）與《失控的多數決》（天下文化出版）。《如何設計市場機制》深入淺出地介紹了拍賣理論以及一些非典型的「市場」，像是腎臟交換或高中入學的分發機制。《失控的多數決》

則是探討了民主多數決的基本原理，以及在哪些情況下多數決的概念會遭到誤用而帶來問題。

　　經濟學可以不玄，希望你能從坂井豐貴的書中，得到啟發。

前言

　　正在看這本書的讀者們，應該是剛開始學個體經濟學，或是正在學習中、想要掌握個體經濟學的基本概念，以及因為不了解經濟學或個體經濟學而感到苦惱的人吧。

　　淺顯易懂的個體經濟學入門書還真的不多，不過沒關係，本書就是其一。嚴格說來，本書是入門中的入門，因此我不知道稱為「入門書」到底好不好，但細節就別去計較了，更重要的是，我們接著要來看看無異曲線（indifference curve）、最適解（optimal solution）、剩餘（surplus）、奈許均衡（Nash equilibrium）等經濟學的精采學說。

　　我從過去到現在，一直在各地教授經濟學，除了在大學裏授課，也主持政府機構或智庫的進修課程。

　　因此，我可以斬釘截鐵地說，自覺不太懂個體經濟學

的人很多。原因很簡單，像是在微分的計算方面遇到困難，或是被那猶如鑽進沉降海岸般的複雜圖形，弄得完全摸不著頭緒。

我也有過類似的經驗。那是在大學時代一門用到許多個體經濟學概念的課程，叫做「獨占廠商的利潤函數」，當時的我不太用功，不知怎地卻下定決心要把那門課學好，於是我認真上課，拚了命地記筆記，但是教授在對這個利潤函數做微分的時候，我實在搞不懂那是什麼意思，彷彿整間教室只剩下我被遠遠拋在後面，感覺很孤單。（如今想來，那是合成函數〔composite function〕的微分。）於是我完全洩了氣，從此再也沒有出席那門課了。

之後我的人生一路走來，最後以教授個體經濟學為業。至於為什麼成為一位個體經濟學的老師，這點比我當時不懂的微分還要更令人不解。總之，既然我教的是個體經濟學，就不希望再出現像我當時那樣的情況，而且我由衷認為，個體經濟學是一門不需要背景知識，十分簡單易學的學問。

其實現代的標準經濟學當中，每一個應用領域，都是以個體經濟學為基礎而完成的，個體經濟學既可以做為基

礎一般地堅實單純，也因為是基礎，所以不需要背景知識。然而，如果個體經濟學唸不好，在往後的經濟學的學習過程就會碰到很大的障礙。此外，在計算或是複雜的圖上面碰到挫折的人很多，這是很可惜的事，我覺得也是社會的損失。

　　本書就是為了消除這樣的損失而寫的。

　　本書有以下三大特點：

　　第一，書中不使用數學算式或錯綜複雜的圖。偶爾有計算，但都是國小二年級的程度，倒是我會大量使用簡單的圖示。雖說個體經濟學的書不使用圖也可以，但我認為那樣就無法做到親切的解說，也無助於讀者的理解。用圖取代文字來說明的時候，讀者就會對現在所學的恍然大悟。文字說明和圖的關係，就好比樂譜之於音樂，透過交互運用來增進理解，就會有好的學習效果。

　　第二，本書的語氣會像這篇前言一樣，採用我平時說話的方式，如此一來很容易就能了解其中的意義。本書的寫作方式，應該能讓讀者很容易理解。

　　第三，精簡彙整經濟學的標準內容。我個人喜歡那種

不用花很多時間就能大略讀懂的書，想學習個體經濟學的各位，應該還有很多其他想要做或必須做的事，因此我希望不要占用讀者過多的時間來閱讀。

　　個體經濟學這門學問，是從每一位消費者或每一家企業這種微觀的經濟主體，來分析總體市場以及總體市場政策的效果。本書也是從探討微觀的經濟主體開始，漸次將主題轉移至總體市場的一舉一動。在每一章的開頭會先陳述該章的主旨。

　　接著說明本書架構上的三大特色：

　　首先是會包含賽局理論。描繪人類的策略行為的賽局理論，是現代個體經濟學所不可或缺的，大多數教科書會在後半部開闢專章來介紹賽局理論，本書則是視需要，在書中各處融入賽局理論的說明。由於賽局理論在當今經濟學中猶如空氣一般理所當然，因此我認為這是妥當的處理方式。

　　其次，本書將著重探討醫療保險和租稅等與當今日本習習相關的問題，期望能透過理論，幫讀者更清楚認識現況。

　　最後，本書的最後一章會探討貧富差距和貧窮的問題。經濟學說到底就是一門處理金錢的學問，在社會財富朝縱向增長的同時，如果不談財富的橫向擴張，這門經世濟民之學就失之偏頗。

　　前言說到這裏，應該開始學習和研讀個體經濟學了。各位不用花太多時間就可以將本書讀完，到時應該就能全盤掌握這門學問的基礎知識了。

目　次

第 1 章

無異曲線
用圖形來表達人的喜好

第 1 章和第 2 章的目的是探討個別的消費者。這一個個的消費者，是針對市場做出決策的基本單位，因此被稱為「個體」（micro）。第 1 章將以無異曲線，用圖來表示消費者對於各種財貨（goods）的喜好。無異曲線的形狀，會因為不同的人和不同的財貨而異。本章的目的是讓讀者學會，如何適切地描繪典型的無異曲線。

何謂「無差異」？

我很愛喝可樂。

什麼牌子的可樂我都愛。特別是夏季、跑完步、口乾舌燥的午後，把可樂倒滿玻璃杯，一口氣喝個精光。或者在教室裏、車站月台、街角的自動販賣機前，「啪咻！」一聲打開可樂罐、玻璃瓶或寶特瓶，頓時心情澎湃。不管是可口可樂，或是百事可樂，哪種可樂都可以，只要甜甜的，冒著碳酸氣泡，散發辛香料的氣味，醬子就對了。

以下我把可口可樂簡稱為可口，百事可樂簡稱為百事，開始介紹個體經濟學。首先要說的是我對於可口和百事的喜好，至於為什麼以可樂為例，其他人如何我是不知道，但我倒是很清楚自己在這方面的喜好，一方面也是因為很容易理解。

個體經濟學，是從個人這樣的個體的（micro）行為，來分析市場或政府等總體的（macro）行為。因此，如何描述個人的行為，和如何打好這門學問的根基有著密不可分的關係。接下來，我想介紹在描述個人行為上很方便的無異曲線（indifference curve），並利用它來探討我對

於可口和百事的喜好。

　　首先要特別強調的是，等量的可口和百事，其價值對我而言永遠是相同的。為何如此我並不知道，但我就是養成了這樣的味覺和飲用習慣。

　　因此，若是有人要送我可樂禮盒，請不必在意應該全部送可口還是百事，或者兩種可樂各送幾罐，倒是要請你們留意一下「總共」送幾罐，因為對我來說多多益善。也就是說，重要的是總共幾罐，至於其中有幾罐是可口、幾罐是百事，我都無所謂。

　　接著進一步思考，我對可口和百事的組合方式的喜好。此處的重點不是全部可口或全部百事，而是可口和百事的「組合」。不光是可口和百事，人類對於各種財貨的組合方式的喜好，稱為**偏好**（preference）。

　　例如有一種組合方式，是「1 罐可口、2 罐百事」，在此稱為 A。當然還有其他各式各樣的組合方式，例如「2 罐可口、1 罐百事」，在此稱為 B。

　　如果問我喜歡 A 還是 B，其實我只在意總共有幾罐，這兩種組合方式我喜歡的程度是一樣的。經濟學將相同的喜好程度稱為**無差異**（indifference），換言之，A 和 B 對我

來說是無差異的。

　　接著，我們把「0罐可口、3罐百事」的組合稱為C，也就是完全沒有可口，只有百事所形成的組合。相反地「3罐可口、0罐百事」的組合則稱為D。由於我只在意總共有幾罐，所以A、B、C、D全都無差異。對我來說，可口和百事可以互相取代，即兩者屬於完全的**替代關係**。

　　接下來用圖形來表示我的偏好，就是把各個無差異的點連成線，如此一來，對我而言什麼跟什麼是無差異，什麼和什麼並非無差異，就可以一目瞭然。

　　不光是無異曲線，本書經常會使用圖，原因是繪圖的過程本身能促進讀者的理解，圖形也便於之後的各種分析。

　　在社會科學當中，最擅長使用數學的就是經濟學了。原因很簡單，因為經濟學經常以財貨的數量、價格、成本等數字，來表達分析探討的對象。另一方面，政治哲學則大多從源頭開始，探討理想的社會樣貌，而且大多是針對文本來進行深入解析，因此很難透過畫圖來分析。

　　數學側重條理分明的邏輯推演，是一種相當特殊的語言，若能活用數學這個方便的工具，不僅能完成邏輯

推演，也可以避免錯誤。因此在經濟學中，常常是建立數學式來解決問題。十九世紀前半，法國數學家庫爾諾（Antoine Augustin Cournot）發表了寡占市場的研究，對於十九世紀後半的經濟學、以及二十世紀中葉的賽局理論的發展影響很大，而數學架構在這兩者的發展上，都扮演重要的角色。

　　不過，本書幾乎完全不使用數學算式。那麼，不使用數學算式要如何進行數理分析呢？答案是圖解。其實，經常使用數學的經濟學家，一開始多半也是先透過圖形將分析對象具象化，再用數學算式來表達圖形所呈現的現象。

　　那些用平常的自然語言描述起來覺得很清楚的事物，當我們想進一步了解，而化為圖形的過程中，我們往往會發現自己其實並不是真的懂。此外，一旦繪製成圖形，在我們注視圖的當下，往往會產生新的發現。總之，繪成圖形對於論述的理解和推演極有幫助。

　　文章和圖形穿插著閱讀，一開始或許有點麻煩，但是操作簡單，應該很快就能上手。由於這是學習個體經濟學很有效率的方法，請讀者要習慣它。

　　接著我們開始作圖。

圖1-1中的A、B、C、D四個點,代表「可口和百事的組合」,橫軸是可口的罐數,縱軸是百事的罐數,例如「1罐可口、2罐百事」的A組合,在圖1-1中是以坐標(1,2)來表示。

對我來說,A、B、C、D完全沒差。把各個無差異的點連成線,就叫做**無異曲線**(圖1-2)。

圖中的無異曲線為一直線,或許有人會說,這不叫曲線,而是直線。日常用語確實是如此,我能理解想稱它為直線的心態,但是直線在數學上屬於曲線的特例,因此這裏全部以「曲線」稱之。

無異曲線會像圖1-2中這麼筆直,是因為我對可口和百事的偏好很特殊,對它們的喜好完全相同的緣故,否則這條線應該會在某個地方彎折才對。

舉例來說,讓我們來看看那些認為「3罐可口」、「1罐可口加1罐百事」、「4罐百事」三者無差異的人,換言之,他們認為坐標(3,0)、(1,1)、(0,4)無差異。把這三個點連成線的無異曲線,會在(1,1)處彎折(圖1-3)。

我的無異曲線就不是如此。例如,對我來說,「0罐可口、2罐百事」、「1罐可口、1罐百事」以及「2罐可口、0

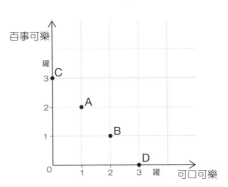

圖1-1　可口和百事的組合

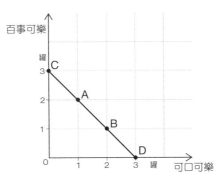

圖1-2　我的無異曲線是由A、B、C、D點連接而成

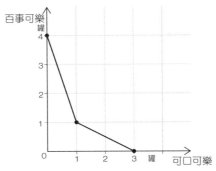

圖1-3　有些人的無異曲線，在點（1,1）處彎折

罐百事」並無差異，因此將（0,2）、（1,1）、（2,0）連成的線，就成為我的無異曲線（圖1-4）。

事實上，我還有其他無數條的無異曲線，像是把（0,5）和（5,0）連成的直線，把（0,6）和（6,0）連成的直線，以及在這些直線上方，無限多條的直線（圖1-5）。

因為可樂愈多罐我愈開心，所以我比較喜歡愈上方的無異曲線。就拿通過（0,3）的無異曲線X和通過（0,2）的無異曲線Y來比較，我對於在曲線X上的每個點，都會比在曲線Y上的每個點都更喜歡。例如曲線X上的（2,1）和曲線Y上的（0,2）相比，我比較喜歡（2,1）甚於（0,2）。（圖1-4）

接著從交換的觀點來分析。如果有人要拿1罐百事來跟我的2罐可口交換，那我可不會答應，因為那樣一來我會從坐標（2,1）變成（2–2,1+1）＝（0,2），這樣的改變是我所不樂見的。

當然以上只是我個人的狀況，想用2罐可口來換取1罐百事的人是存在的，我老爸偏偏就是這樣的人。

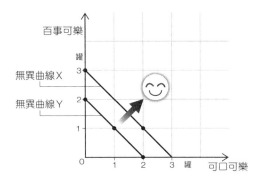

圖1-4　通過點（0,2）畫一條無異曲線Y。
相較於Y上的點（0,2），我更喜歡X上的點（2,1）

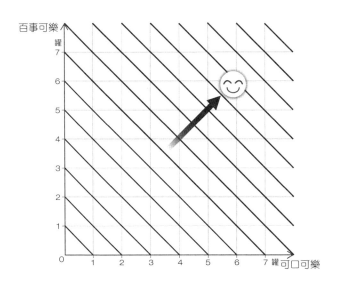

圖1-5　實際上，我有無數多條無異曲線

只喝百事的老爸

　　我父親只喝百事可樂，對可口可樂則是不屑一顧。如果我糊里糊塗只想到老爸喜歡喝可樂就拿可口可樂給他的話，他會笑著跟我道謝，但是一口都不喝。在我眼裏我們是一對愛喝可樂的父子，但是他說不定會把我們對百事的喜好度不同，視為父子關係的障礙呢。每次當我看著堅決不喝可口可樂的父親時，會覺得我不了解他的地方還真多呢。

　　對別人的事情不了解，這件事在經濟學上具有相當重要的意義。

　　簡單地說，送禮要送到心坎裏實在很難。在這世界上，送人禮物卻換來令人失望的一句「我不想要這東西」，這種情況應該很多。你是不是也曾經想過：「送我這個，還不如給我現金比較快！」

　　也因此，自由市場比起中央政府的配給制，更容易依照各人的喜好而分配物資。配給可口可樂給我父親，對他而言是沒有價值的東西，而中央當局通常不會知道這一點。

　　為了避免浪費，父親必須事先告知中央當局：「我只喝百事，不喝可口。」不光是他，我也必須事先表示：「我可口或百事都可以。」如果不是每個人先提供自己的偏好，中央當局就無法一一滿足每個人的喜好，而造成配給物資的浪費。

　　飲料不止可口和百事兩種，光是碳酸飲料，就還有Dr. Pepper、七喜或三矢蘇打等等不勝枚舉。事先把自己的偏好全部告知中央當局，是件不切實際的事，就算人們真的這麼做，中央當局處理如此龐大的資訊也會是件大工程。

　　此外，配給制難以滿足每個人的喜好。在這種制度下的經濟體，要開發出各種各樣的碳酸飲料來滿足大眾多樣化的喜好，這是不太可能的事。

　　如此想來，每個人依照自己喜好去進行買賣的自由市場，比起中央集權的配給制，更能對物資進行適當的分配，大家不需要事先將自己的喜好告知中央當局，然後等待經過複雜計算後的配給物資，想要的東西就去市場上購買，不想要的就不買，這樣就行了。喜歡喝百事的父親，就自己去市場上買百事，因此，父親的無異曲線就如圖

1-6所示，是一條只喜歡百事的水平線。

介於我和父親之間的一般人

對我來說可口和百事的價值完全相同，但對父親來說只有百事有價值，兩人的喜好可說是分屬兩個極端。那麼，不像我們那麼極端的一般大眾，會呈現什麼樣的無異曲線呢？我們來試著把介於我和父親之間的無異曲線畫出來，以便說明如何描繪一般的無異曲線。因此，繼續先前我和父親的例子。

首先是有一種人「雖然比較喜歡百事，但也可以將就一下喝可口」，勉強可以算是百事的粉絲。例如，我們來看看圖1-7的無異曲線，這條線是把我的無異曲線弄得稍微平坦一點，往我父親的無異曲線靠近一點，換言之，這種型態的無異曲線介於我和父親的無異曲線「之間」。從這條線可以看出，「2罐可口」和「1罐百事」，對這個人來說是無差異的。

右腳的鞋子和左腳的鞋子（互補關係）

對我來說，可口和百事是完全的替代關係，相反地，

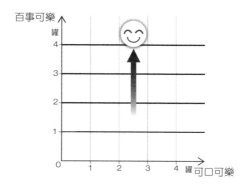

圖1-6　父親的無異曲線

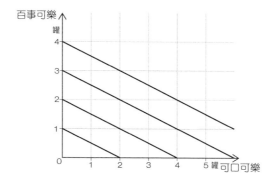

圖1-7　可以算是百事粉絲的無異曲線

完全沒有替代關係的財貨，又會是什麼東西呢？讓我們來想想看鞋子的左腳和右腳。

你是否有過其中一腳的鞋子壞掉的經驗？例如鞋子的右腳開口笑、鞋底被磨得比較兇，或者損壞得很嚴重之類的。

我有過類似的經驗。我為了除掉亮色運動鞋右腳上的污垢，不小心用了含氯漂白劑，結果鮮藍的顏色褪了，真是慘不忍睹。

遇到這種情況，左腳的鞋子怎麼辦呢？雖然左腳的鞋子沒壞，但已經形同不能穿，因為左右腳的鞋子必須一起穿，才能走路。也就是說，兩腳的鞋子是互相彌補對方不足的完全的**互補關係**。

用橫軸來表示右腳的鞋子，縱軸表示左腳的鞋子，畫一條表現對組合的喜好的無異曲線。首先，左右各一隻為（1,1），再拿到一隻右腳的話是（2,1），但是光拿到一隻右腳的鞋卻無用武之地，因此（1,1）和（2,1）無差異。接著，即使又拿到一隻右腳的鞋子成為（3,1），也還是沒有用。換言之，（3,1）和（2,1）無差異（圖1-8）。

一開始的狀態（1,1），和多一隻左腳的鞋子（1,2）或

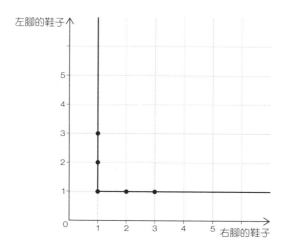

圖1-8　通過（1,1）的無異曲線。
完全互補關係的財貨，所構成的無異曲線為L型

多兩隻左腳的鞋子（1,3），依舊沒有差異。接著也用同樣的方式，畫一條通過（2,2）的無異曲線，以及通過（3,3）的無異曲線（圖1-9）。

這就是「典型」的無異曲線。至於右腳不良於行、只有左腳穿鞋的「非典型」狀況，和只喜歡百事的父親會有相同形狀的無異曲線，他們只對左腳的鞋子有喜好，一如父親只喜歡百事。

典型的無異曲線

很少有兩種財貨，會像我心目中的可口和百事那樣屬於完全替代關係，或是像右腳和左腳的鞋子那樣，如果不湊成對就不能穿的完全互補關係。

大多數情況下，兩種財貨會呈現某種程度的替代性和互補性。例如，我們早餐時想同時享用麵包和咖啡，但是相較於兩者都沒有，會覺得即使只有其中一樣都比較好。我們既想要錢也想要閒，但老是閒閒沒事會坐吃山空，老是工作又會身心俱疲。我們想要營養和口味兼具的飲食，也希望工作與休閒並重的人生。所以人們通常會希望財貨的組合能達到某種平衡。

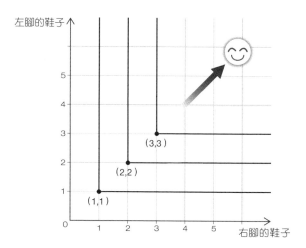

圖1-9　再畫出通過點（2,2）和（3,3）的無異曲線

　　圖 1-10 和圖 1-11，再度顯示我對於可口和百事的無異曲線（一直線），以及右腳鞋子和左腳鞋子的無異曲線（直角的彎折線）。圖 1-12 為介於兩者之間的無異曲線，由於是介於一直線和 L 型直角的彎折線之間，因此呈現平滑的弧形。換句話說，既不是完全替代，也不是完全互補。比較典型的無異曲線，就會像圖 1-12 般的平滑弧線。

　　這麼一來，稱為無異「曲線」就名符其實了。其實，用曲線而不是直線來思考典型的無異曲線會比較貼切。以可口和百事為例，直線的無異曲線就好比我認為「可口和百事永遠是同等價值」、或父親認為「只有百事有價值」，或是圖 1-7 的人認為「2 罐可口和 1 罐百事永遠是同等價值」，這是極為單純且具規則性的喜好，然而大多數人的喜好是不會這麼單純規律的吧。

　　人們對於財貨組合的偏好，可以用無異曲線來表示。當然偏好因人而異，就以圖 1-13 的某人的無異曲線所表達的偏好來說，這個人偏好 A 甚於 B，而對 B 和 C 是同等喜好，這是因為 A 的無異曲線在 B 的無異曲線上方，而 B 和 C 在同一條無異曲線上。

　　人有百百種喜好，因此會有各式各樣的弧線形狀，即

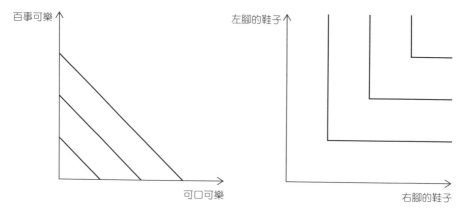

圖 1-10　完全替代關係

圖 1-11　完全互補關係

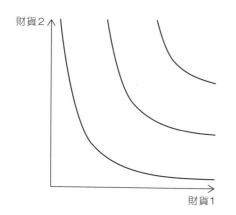

圖 1-12　介於完全替代關係
和完全互補關係之間，較為
典型的無異曲線

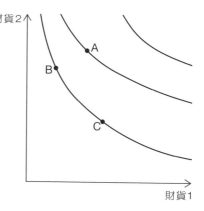

圖 1-13　某人的無異曲線。
對 A 的偏好勝過 B 和 C，B 和
C 則是同等喜好

使是同一人，不同的無異曲線也會有不同的弧型。圖 1-14 就是一例，通過 A 的無異曲線和通過 C 的無異曲線，弧線的形狀就不相同。該圖為本章的學習目標，在此複習以下重點：

- 在同一條無異曲線上的各點，代表對這個人而言並無差異。例如 A 點和 B 點為無差異。
- 愈是位在上方的無異曲線，對這個人而言，線上各點的喜好度愈高。例如對 A 點（或 B 點）的喜好度高於 C 點，C 點的喜好度高於 D 點。

但是在技術上要留意一件事。到目前為止，只以整數來表示財貨的數量，例如「2 罐可口」或「3 罐百事」等。但是，之後我也會容許像是「2.5 罐可口」之類的非整數，這是因為如果只用整數為例來說明的話，圖上的點就只能是格子點（譯注：橫軸和縱軸皆為整數的坐標），會造成分析和作圖上的困難。另一方面，如果考慮到長期之下消費大量的可樂，小數點以下的「0.5 罐」就顯得微不足道，因此實務上有沒有這 0.5 罐都沒差。在這種情況下，我將小數點以下的單位當作既存的事實，使分析和作圖簡單化。

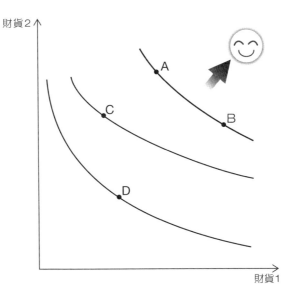

圖1-14　代表某人喜好的無異曲線

圖中只畫了三條無異曲線，實際上這人的無異曲線有無限多條，多到會把這個圖塞爆，只是如果線畫得愈多會使圖變得愈難懂，因此在用圖解釋的時候，只把必要的東西畫出來。

第2章

預算線與最適化
買得起什麼，選擇買什麼

第1章我們利用無異曲線把消費者的偏好畫成圖，第2章則是用圖來表示消費者「買得起什麼」和「選擇買什麼」。買得起什麼是由自己的所得和財貨的價格所決定，至於選擇買什麼，則是在所得和價格容許的範圍內，選購自己最喜好的。第2章將完成個別消費者的背景設定。

買得起的東西

不用考慮預算想買就買，真是一件開心的事，但老是這樣的話，生活會無以為繼，所以我們不但會墊墊自己的預算，也會在意價錢，買東西的時候兩者都會斟酌考慮。不論在他人眼中看來是不是做出了明智的抉擇，但我們會洞悉自己內心的欲望，經過一番深思熟慮，然後選擇要買什麼、放棄什麼。

本章要探討的，就是人類在這方面的選擇行為。人們在有限的所得之下會如何消費，並且用圖表示出來，並且為之後的經濟分析奠定基礎。

買東西的個人稱為**消費者**（consumer），其所能使用的金錢稱為**所得**（income）。為了便於分析起見，假設他的所得為6元，若是覺得6元太少而耿耿於懷，你也可以在心裏把出現的所有數字乘以某個倍數，例如把6元乘以一兆倍，就成為所得6兆元這種天文數字，或許也不錯。

假設要買的財貨有兩種，麵包和咖啡。麵包每個1元，咖啡一杯2元。但是，剛才心裏想著所得6兆元的人，就必須面對每個麵包1兆元，每杯咖啡為2兆元。好

不容易有了 6 兆元，物價這麼貴根本一點也不好，或許不乘以一兆倍還比較簡單吧！消費的重點在於所得和價格的相對比率，而不是所得和價格的絕對值。即使薪水加倍，如果物價也乘以兩倍，家庭的經濟狀況還是不會改變。之後我會用預算線來說明這個現象，各位就會更加清楚。

　　為了簡化起見，假設你去買東西把所得全花光了，這樣子買東西就稱為**符合預算**（fit the budget）。實際上，大部分的人應該不會買東西買到花光所得，這種情形可以視為「把錢用在儲蓄上」。也就是說，實際上，消費者會用「消費」或者「儲蓄」的形式，把所得給用掉。為了不偏離討論的主題，只以麵包和咖啡兩種財貨做為購物標的，因此在此假設，這個人把全部的所得花在買麵包和咖啡上。

　　這位消費者可以把所得 6 元全部用來買麵包，也可以全部用來買咖啡。當然他也可以麵包和咖啡各買某個數量，實際上大部分的人應該是如此。

　　首先我們來思考，符合他的預算的麵包和咖啡的組合，將這些點描繪成圖。結論是，把這些點連起來，會成為一直線。反過來說，這條線上的點，是符合預算的麵包

和咖啡組合，這條線就稱為**預算線**（budget line，也稱為**預算限制線**）。重點是，預算線不是曲線，而是直線。接著作圖來證明。

預算線的繪製和性質

即使是符合預算的購物，也要從最容易理解的部分開始分析。光只買麵包，或光只買咖啡，是最容易理解的。

光買麵包的情況下，以所得6元、麵包價格1元，最多可以買6個麵包，這時咖啡的數量為零。圖2-1上的A點（6,0）就是如此。光買咖啡的話，6元的所得和2元的價格，最多可以買3杯，這時麵包的數量為零。圖2-1的B點（0,3）就是。

接著來考慮比較不那麼極端的購物行為，例如2個麵包和2杯咖啡的組合。2個麵包共2元，2杯咖啡4元，6元的所得買得起。圖2-1的C點（2,2）就是。此外，4個麵包和1杯咖啡的組合也符合預算，麵包4元加上咖啡2元，6元的所得也買得起，D點（4,1）就是。將A、B、C、D四個點相連，就成為一直線（圖2-2）。

符合預算的購物方式還不只A、B、C、D四種。將

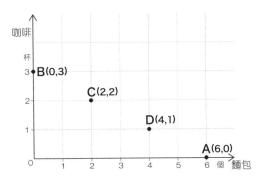

圖2-1　A、B、C、D都是符合預算的購物組合

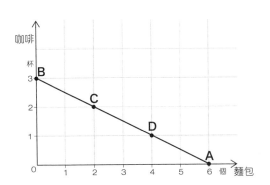

圖2-2　將A、B、C、D連起來的線

這幾個點連成一線,線上所有的點也都符合預算。就以點（3,1.5）為例,3個麵包為3元,1.5杯咖啡為3元,兩者相加為6元。換言之,（3,1.5）的購物組合符合預算。由此可知,這條直線為預算線。預算線有三大特點:

一、在預算線上方的點代表預算超支了,預算線下方的點則是預算剩餘（圖2-3）。例如預算線上方的點（3,2）,代表3×1+2×2=7元,所以是預算超支。預算線下方的點（3,1）,代表3×1+1×2=5元,所以是預算剩餘。

二、所得增加,則預算線會往右上方移動。例如所得加倍成為12元時,買得起的財貨數量也會加倍,光買麵包的話可以買12個,即圖2-4上的（12,0）;光買咖啡可以買6杯,即圖2-4上的（0,6）。這兩點連成的線,也就是所得倍增時的預算線,朝右上方移動。

三、當所得和價格以同等倍數增減時,預算線不變。例如所得加倍成為12元,但是麵包和咖啡的價格也各增加一倍,成為2元和4元,這時的預算線不會產生變化,因為光買麵包的點為（6,0）,光買咖啡的點為（0,3）,兩個點連成的線,與原本的預算線完全相同。

如前所述,所得和物價同時加倍時,買得起的東西還

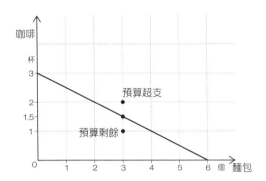

圖2-3　預算線上方的點代表預算超支，
預算線下方的點代表預算剩餘

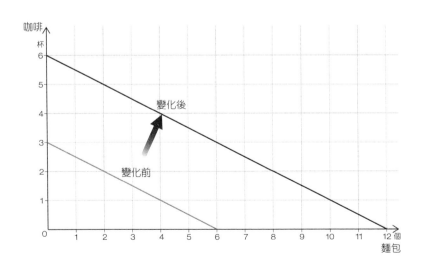

圖2-4　所得加倍時，預算線的變化

是跟過去一樣，不管增加一倍或一兆倍都是如此。

預算線上的最適化

　　消費者在符合預算的購物組合中，會選擇哪一種呢？接下來就用預算線和無異曲線來思考。

　　圖2-5的無異曲線代表某位消費者的偏好，假設麵包依然是每個1元，咖啡每杯2元，所得6元。結論是，他在符合預算的選項中，做出對自己來說最佳的選擇（4,1）。

　　那麼，為什麼（4,1）是最佳選擇呢？因為，相較於預算線上其他的點，例如（3,1.5），通過（4,1）的無異曲線位於比較上方。同樣地，相較於預算線上的（2,2），通過（4,1）的無異曲線依然位在較上方（如圖2-5所示）。和預算線上的其他各點相比，通過（4,1）的無異曲線都位在比較上方，因此（4,1）的組合，是在符合預算的購物組合中最好的一個，也就是所謂的**最適解**（optimal solution）。

　　圖2-5中，通過（4,1）的無異曲線的特徵，是在點（4,1）和預算線完美地相切（剛剛好只有在那一點接觸）。由於無異曲線因人而異，最適解也不同，例子中的人碰巧在（4,1）上，他的無異曲線和預算線相切，因此

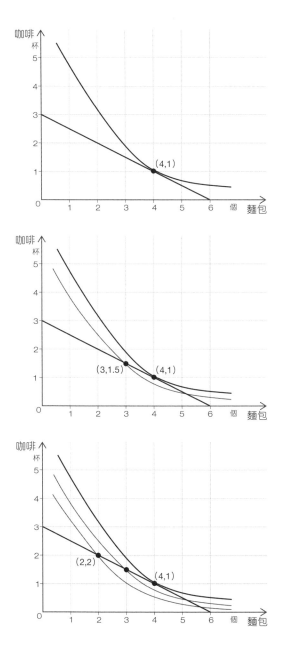

圖2-5 無異曲線與預算線相切的點（4,1）為最適解

（4,1）成為他的最適解。至於無異曲線在（2,2）上與預算線相切的人，他的最適解就是（2,2）。

最適解之所以稱為「最適」，因為這是在所有可能的選項當中，他最喜好的一點。而且，即使是最適解，並不代表一定是思慮周全的選項。假設某人酗酒成性，把所得全部拿去買酒，這也是最適解。也就是說，此處的「最適」，充其量也只是本人在那個時間點上，主觀認定的最適而已。

因此，經濟學上所謂的最適選擇，多半是**合理的選擇**。合理的選擇乍聽之下是冷靜準確地做出明智選擇，但在經濟學上通常並非如此。

有時候，人們會批評「實際的消費者，不見得會如經濟學預期一般做出明智選擇」。但是從目前為止的說明可以了解，這樣的批判是建立在對經濟學的誤解上。如果想批評經濟學的話，比較適切的說法應該是：「經濟學啊，即使從旁觀看消費者做出了萬分愚昧的選擇，也強烈傾向於不加以責難。」

消費者根據所得和價格的預算限制條件，在前述的意義下做出最適選擇。至少基礎的經濟學認為，消費者選擇

　　購物的原則，是「買自己想要或需要的東西」（不想要、不需要的東西不買），而且每個人會去判斷自己的購物喜好。

　　讀者當中，應該有人會覺得自己的選擇沒有高明到可以被稱為「最適」的地步，像是不知不覺中買了多餘的東西，或者只是亂買一通。搞不好有人就是在這種情況下買了這本書的，多謝啦。

　　即使如此，大家應該是在便利商店、超市或者書店中，看到販賣物品的價格，並且相當程度地在自己的預算範圍內，才選擇自己想要的東西。但話說回來，便利商店、超市或書店的商品，種類成千上萬多到嚇人，如果真的是買多餘的東西或隨便亂買，購物籃裏可就堆滿了一堆無用的東西。想像一下，如果在種類多到山一般的商品當中，用賭博的輪盤隨機選擇買什麼，應該就能了解何謂「在預算範圍內，根據自己的喜好選購東西」。

應用：醫療保險政策的分析

　　這裏要用預算線上的最適化，來做簡單的政策分析。

　　日本實施全民保險制度，每位國民必須加入某個健康

保險工會（或者類似的團體，以下統稱為「健保」）；病患在接受醫療服務時，只需自行負擔部分的醫療費用。2013年日本國民的醫療費用超過四十兆日圓，其中自行負擔的部分約五兆日圓（根據厚生勞動省平成25年度國民醫療費用概況）。

一般所謂的上班族及其家人，醫療費用的自行負擔比率以三成居多，也就是說病患在醫院窗口支付三成的醫療費用，剩餘的七成由病患加入的健保來付給醫院。健保的資金來源是保險費或稅金。

健保支付七成的醫療費用給醫院，可以理解成是提供（七成的）醫療服務給患者，也稱為**實物給付**。接著我們把實物給付，和付給病患「不限制使用用途的慰問金」也就是**現金給付**做個比較。當然，慰問金也可以用來支付醫療費用，許多民營保險公司的醫療險，是在投保人罹患特定疾病時支付一筆保險理賠金，這就是現金給付。

接著來比較公營全民保險制度下的實物給付和現金給付，思考一下「醫療服務」和「金錢」這兩種財貨。或許有人覺得把金錢稱為財貨有點怪怪的，只要把它想成「用在醫療服務以外的金錢」就可以了。

　　現在假設，某人的所得為30元。為了方便稱呼，姑且稱他為次郎。假設每單位的醫療服務為10元，次郎的自行負擔比率為三成，換言之，次郎向醫院買一個單位的醫療服務時，自己支付3元，剩下的7元由他參加的健保來支付。因此對次郎而言，每單位的醫療服務為3元。

　　結果，次郎生病了。要接受多少醫療服務，次郎可以選擇。如果他把全部的所得30元都花在醫療服務上，最多可以購買10個單位。如果他的錢完全不花在醫療服務上，那麼30元的所得就全部留在他手上。次郎要在預算內，選擇一個（醫療服務、金錢）的組合。

　　接著就來畫一條次郎的預算線，試著找出最適解。他的最適解，就是無異曲線與預算線相切的點。

　　圖2-6顯示次郎的狀況。橫軸代表醫療服務，縱軸代表金錢。把所得全部花在醫療服務上（10,0），以及完全不用在醫療服務上的（0,30），把這兩點相連，就是預算線。於是，次郎選擇了預算線上的最適解（8,6），決定購買醫療服務8個單位，次郎自行負擔三成，因此付給醫院8×3=24元。剩餘的七成，則由健保付給醫院，也就是8×7=56元。

　　我們來看看圖2-6上，次郎的無異曲線。要留意的是，（8,6）和（2,50）兩點無差異。

　　那麼，讓我們來思考以下的新制度。次郎自行負擔全額的醫療費用，健保則是付給次郎慰問金40元，他可以把這筆錢用在任何地方。在現金給付的新制度下，次郎的預算線因此改變了，現在總所得增加為70元，同時每單位的醫療服務價格提高為10元，新的預算線，是把次郎將全部所得用在醫療服務上的（7,0）和完全不花在醫療服務上的（0,70）兩點相連。這條新的預算線和次郎的無異曲線在（2,50）上相切，這點就是次郎的最適解。換言之，他在新制度之下，選擇了（2,50）。

　　健保的給付額，在舊制度下為56元，新制則為40元；此外，對次郎而言，舊制度下的選擇（8,6），和新制度下的選擇（2,50）並無差異。也就是說，健保機構在次郎的滿意度不變的情況下，節省了給付額。健保機構還可以多付點慰問金給次郎，如果慰問金在40元和56元之間，新制度下的健保機構依然可以節省給付額，而次郎也可以從舊制的最適解（8,6），移動到他更喜好的狀態。

　　以上的討論，說明無論是對健保機構或次郎來說，現

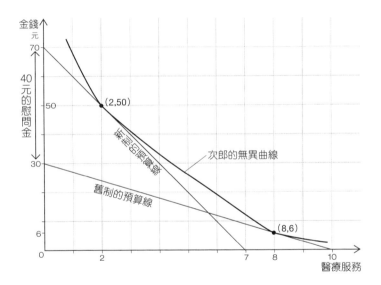

圖2-6　次郎的最適解在哪裏？

金給付都比實物給付更加有利，但事情沒有這麼單純。以下提出三個支持實物給付的論點。

論點一：制度的濫用

對健保來說，付給次郎40元慰問金，確實要比付給醫院56元的醫療費來得省錢，但是，之所以知道付「40元」比較省錢，是因為這裏的分析假設了健保機構知道次郎的偏好。然而一般情況下，偏好藏在每個人的心中，健保單位無從知曉每位投保人的偏好。

那麼，如果健保機構問次郎「要付給你多少慰問金，你才肯負擔全額的醫療費用」，次郎會不會誠實地回答呢？也就是，次郎會不會老實地告訴健保單位：「如果給我現金40元，我願意負擔全額的醫療費，因為這筆錢會讓我從選擇（8,6）移動到無差異的另一點（2,50）」？如果次郎乘機要求高額的慰問金，健保的財務狀況還是無法改善。

此外，如果慰問金可以用在任何地方，說不定會有人看準這點而故意弄傷自己，但實物給付就不會產生這種情況。換言之，現金給付比實物給付更容易遭人濫用。

論點二：人們是否支持

　　即使不發生論點一所說的濫用問題，且儘管金額低於健保在實物給付下所負擔的醫療費用，但支付不限使用方式的慰問金給病人的現金給付制度，會得到人們的支持嗎？例如罹患肺炎的病人，不把慰問金用來支付醫療費，而是拿去打小鋼珠，社會上大多數的人會容許這種行為嗎？如果很多人不容許這種事情發生，在民主政治的基礎下，這樣的慰問金就難以做為公共制度來實施。此外，把慰問金拿去打小鋼珠的問題並非因為不合乎倫理道德，而是只要大多數人不樂見此種情況，就難以在民主制度下實現。

論點三：需求原則

　　社會的目的是滿足所有人民的需求，這種想法稱為**需求原則**。醫療服務可說是每一個人的需求，因此受傷或生病的時候，社會就應該提供實物給付的醫療服務。當然這種想法的前提，在於將需要（needs）和想要（wants）區分開來，換言之任何人都需要醫療，所以由社會支持，小鋼珠非必要，所以不支持。

　　使用預算線和無異曲線的個體經濟學分析，指出了現金給付的好處，然而一旦考慮到制度的濫用、人們的支持與否和需求原則等，實物給付就顯得比較可行。總的來說，究竟是現金給付比較好，還是實物給付比較好，這點尚無定論。儘管如此，了解到個體經濟學可以是有用的政策分析工具，以及光是用個體經濟學來闡述政策並不周全，還可能需要考慮其他因素，了解到這些，就已經是一大收穫了。

第3章

需求曲線

多少錢的話買多少

在第1章和第2章，建立了個別消費者的分析背景。個別消費者是做出決定的單位，換言之是「個體」的存在。第三章要介紹一個工具，來分析「總體」的消費大眾行為，這個工具就是需求曲線。需求曲線顯示當市場上的財貨在某個價格下，消費大眾會買多少。

最適解的變化

我在美國讀研究所的時候是個窮學生，有一大段時間，我每個月只靠八百美元過活，這種感覺就像是每個月只有八萬日圓一個人在東京郊區過活一樣，錢真的不夠用。學生宿舍的租金三百八十美元，電話的基本費二十美元，只剩下四百美元就將就著過日子。

我當時住的地方羅徹斯特（Rochester），是美國少數幾個會下大雪的城市之一，一年當中有一半時間被雪覆蓋，天空烏雲密布。羅徹斯特市位於紐約州西北部，距離光鮮亮麗的曼哈頓五百公里遠，不景氣的打擊使得市中心的百貨公司全都關門大吉，是個除了讀書以外沒其他事可做的城市。研究所的競爭很激烈，若是成績不好立刻會被退學，因此我的精神一直處在緊繃狀態。

對了，我很喜歡喝咖啡。

暴風雪在冷清的街道上飛舞，在瞪眼見不到當下和未來的日子裏，我會很想買一杯熱咖啡，至少讓心情休息一下也好。但我記得很清楚，當時的我從來沒有在校內的商店裏買過那種一杯1.5美元的咖啡。

　　這樣的生活過了兩年，就在留學資金快要見底的時候，我終於獲得了校內研究所的獎學金。

　　拜這筆錢所賜，我的每月生活費增加為一千兩百美元。這時我最大的一個改變是，每天晚上要從大學校園返家時，會買一杯 1.5 美元的咖啡。所得增加時會增加消費的財貨稱為**正常財**（normal goods），一如咖啡之於我。相反地，所得增加時會減少消費的財貨稱為**劣等財**（inferior goods）。

　　當然，價格也會影響到我購買的量。如果咖啡的價格低到 0.5 美元，即使每月所得只有八百美元，我偶爾還是會買來喝。最適解會因為所得和價格而改變。

消費者剩餘

　　接下來假設所得不變，把著眼點放在價格和購買量的關係上。一般來說，價格高就買得少，價格便宜就買得多。此外，人通常消費某樣東西愈多就愈不覺得那樣東西稀奇，例如以我來說，我願意最多花 4 美元來買第一杯咖啡，第二杯咖啡我頂多只願意花 2 美元，第三杯頂多只願意花 1 美元。

接下來，我們要用金錢來衡量買入咖啡對我有多大的利益，這是因為我想要有個依據，來衡量「對消費者來說的市場的好處」，把我得到的利益，與其他消費者得到的利益全部加起來，就是對消費大眾來說的市場的好處。有了這個做為衡量依據，比較容易判斷消費者比較喜歡市場處在哪一種狀態下。

現在假設一杯咖啡 1.5 美元。在這個價格下，我願意買 2 杯，因為我最多只願意花 1 美元來買第三杯咖啡，所以我只買兩杯。接著計算我的**剩餘**（surplus）。把第一杯的 4 美元減去 1.5 美元為 2.5 美元，第二杯的 2 美元減去 1.5 美元成為 0.5 美元，兩者相加為 3 美元，也就是說，當咖啡的價格為 1.5 美元時，對我來說的市場的好處為 3 美元。

圖 3-1 說明我的剩餘。橫軸代表咖啡的杯數，縱軸為金額。在這個圖中也顯示我和別人（次郎）的剩餘，次郎最多願意花 5 美元買第一杯咖啡、3 美元買第二杯咖啡、2 美元買第三杯咖啡，但是只願意花 1 美元買第四杯咖啡。一杯咖啡 1.5 美元時，買 3 杯咖啡的次郎，剩餘是 5.5 美元（3.5＋1.5＋0.5＝5.5）。

因此，當咖啡的價格為 1.5 美元時，我和次郎的剩餘

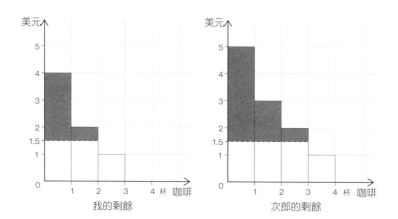

圖3-1　我的剩餘和次郎的剩餘
一杯咖啡1.5美元時，我的剩餘為3美元，次郎的剩餘為5.5美元

共計8.5美元（3+5.5=8.5），用這種方式計算全體消費者的總剩餘，就稱為**消費者剩餘**（consumer surplus）。如果這間咖啡店只有我和次郎兩位客人，消費者剩餘就是8.5美元。消費者剩餘是把消費大眾「願意付的金額減去實際購買的金額」加總，就這個意義來說，就是「買到就賺到」的金額合計。

圖3-2是把圖3-1當中我和次郎的圖的橫軸加總，在這個圖當中，階梯狀的粗線稱為**需求曲線**（demand curve）。需求曲線D，代表當價格為p時的總銷售量，也就是D(p)。在這個例子裏，咖啡的價格為1.5美元時，需求量為5杯，也就是我的2杯加上次郎的3杯。價格改變，需求量當然也會變，因此當價格為2.5美元時，需求量為3杯（我1杯、次郎2杯）。價格下降，需求量通常會上升，因此在畫需求曲線時，會往右下方傾斜。不過，本章的最後會說明價格上漲，需求增加的特例「季芬財」。

當消費者人數眾多時，需求曲線會變得比較平滑（圖3-2），在價格為p的情況下，消費者剩餘為需求曲線在p點以上的面積。用圖上的面積來表示消費者剩餘，一看就知道有多大，非常方便。

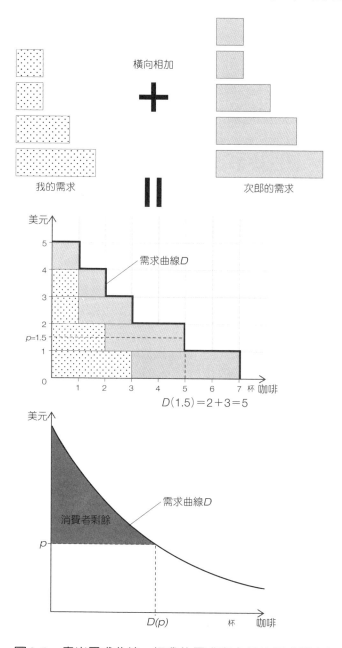

圖3-2　畫出需求曲線。把我的需求和次郎的需求橫向相加，消費者人數眾多時，需求曲線會變得平滑

獨占業者如何定價

讓我們從咖啡店的立場來思考需求曲線。為了便於說明，就把咖啡店的業者叫做約翰。約翰的問題在於替咖啡定價。

多年來，約翰都在同一個地方賣咖啡，他根據過去漲價和降價的經驗，知道價格多少元時可以賣幾杯咖啡。換言之，約翰知道需求曲線 D 的形狀。例如每杯 5 美元時，一杯都賣不掉，價格趨近零的時候需求量趨近 5 杯。那麼對約翰而言，獲利最多的定價是多少？這個例子假設約翰的咖啡店周圍沒有競爭者，換言之，沒有價格上的競爭對手；也假設這裏的需求曲線為直線，而且提供咖啡所花費的成本為每杯 1 美元（如圖 3-3）。

一杯咖啡的價格為 p 時，賣出一杯的銷售金額為 p 美元，成本為 1 美元，因此獲利為 p−1 美元。而銷售量等於需求量，也就是 D(p) 杯。因此，將銷售金額減去成本就得到利潤，也就是 (p−1)×D(p)。當價格超過 5 美元時沒有人買，於是利潤為 0；而價格低於 1 美元時，利潤會是負的。5 美元和 1 美元之間，使利潤達到最高的價格，省略

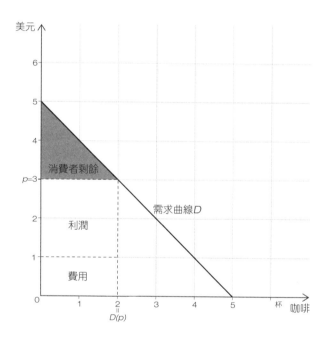

圖3-3　咖啡店老闆約翰的需求曲線

價格p=3時利潤極大化，這時消費者剩餘為上方三
角形的面積2×2×(1/2)=2，利潤為（3−1）×2=4。

計算過程的話，答案是p=3。此外，消費者剩餘為需求曲線在p點以上的面積，經過計算為2。

伯特蘭德價格競爭（Bertrand competition）

假設這時出現了一個競爭對手，保羅。他賣的咖啡和約翰賣的品質相同、成本也相同（一杯成本為1美元），而且一直在著手進行價格競爭。不管是約翰還是保羅，只要比較便宜客人就會去購買，兩人定價相同時就平分客人，這樣的市場就稱為**伯特蘭德寡占市場**。

約翰和保羅的價格競爭，最後會怎樣呢？先說結果，在這個例子中發生逐底競爭（race to the bottom），到頭來約翰跟保羅只好都把價格訂在1美元。

首先，相對於約翰一開始在獨占情況下的定價3美元，假設保羅的定價稍低，例如訂在2.5美元，於是保羅把全部的客人都搶走，約翰的客人為零。

約翰為了較勁，把價格降為2美元，於是把客人全部搶過來。這時保羅的客人變為零而進一步降價。

在這場降價競賽中，兩人不斷降價求售，直到價格來到相當於成本的1美元為止。因為定價略低於對手以便

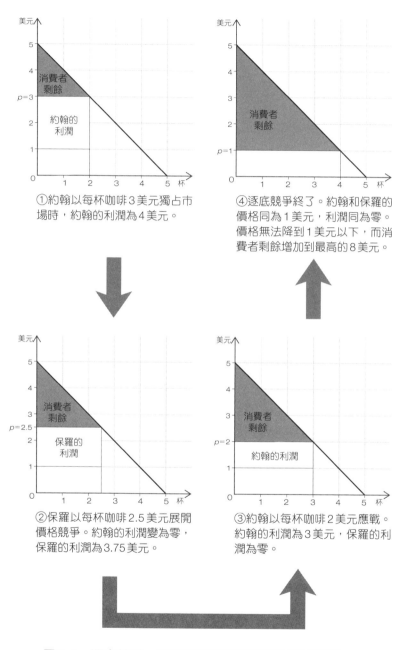

①約翰以每杯咖啡3美元獨占市場時，約翰的利潤為4美元。

④逐底競爭終了。約翰和保羅的價格同為1美元，利潤同為零。價格無法降到1美元以下，而消費者剩餘增加到最高的8美元。

②保羅以每杯咖啡2.5美元展開價格競爭。約翰的利潤變為零，保羅的利潤為3.75美元。

③約翰以每杯咖啡2美元應戰。約翰的利潤為3美元，保羅的利潤為零。

圖3-4　逐底競爭。約翰和保羅展開激烈的價格競爭

將客人全部搶走，經常是有利的做法，到頭來兩人的價格都訂在1美元，這種狀況就稱為**伯特蘭德均衡**（Bertrand equilibrium）。在伯特蘭德均衡下，約翰和保羅的利潤都為零。另一方面，消費者剩餘就增加為8（圖3-4）。

不過，如果約翰和保羅針對提高價格進行談判，就能避免伯特蘭德均衡的情況。約翰和保羅如果打算長久經營，繼續遵守談判公約比起違背公約去展開逐底競爭更加有利。例如兩人都把價格訂在3美元，就可以繼續分享高額利潤，只是這時就會把消費者剩餘從逐底競爭之下的8降為2。

賣方利潤的總和稱為**生產者剩餘**（producer surplus），這點在第5章會詳細介紹。生產者剩餘加上消費者剩餘，稱為**社會剩餘**（social surplus）。相較於經過談判後的定價3美元，還是發生逐底競爭使價格降為1美元的社會剩餘比較高，試算之下，經過談判後定價為3美元時，消費者剩餘為2，生產者剩餘為4，因此社會剩餘為6。另一方面，因逐底競爭而定價1美元時，消費者剩餘為8，生產者剩餘為0，兩者相加即社會剩餘，也就是8。因此，如果以社會剩餘為依據，來衡量市場的好處，就應該禁止談判。

不過,談判要持續維持並不是一件容易的事,如果談判的參與人數不多,比較容易監視彼此狀況、建立信賴關係,一旦參與談判的人很多時,就變得窒礙難行。

此外,如果參與談判的人當中有人需錢孔急,即使違背談判結果、捨棄長期利潤也在所不惜,這個人就可能成為叛徒,獨享今日的利潤,使他人無利可圖。一旦出現這種情況,遭到背叛的人就算繼續談判也沒有利潤可言,談判立刻破局。

其實,就算沒有人違背談判的結果,也可能有參與者因為懷疑其他人會不遵守談判的約定,而造成談判瓦解,因為當參與者抱持這種疑慮時,就不會遵守談判的約定。

此外,當參與者預先設想其中有人會對談判抱持疑慮時,也就不會遵守談判的約定。

價格彈性

讓我們回到需求曲線。

價格的改變對於需求的影響程度,有一個指標就是**價格彈性**(price elasticity)。所謂彈性,是指需求的數量隨著價格改變而發生的變動;彈性低代表變動很小,換言

之，價格雖然改變了但需求量的改變很小。

　　假設某個財貨的價格上漲了1%，這時需求量降低了0.2%。需求量的變動為0.2%，相當於價格的變動1%的五分之一（即0.2），就是價格彈性。不過，實際從資料推算價格彈性的時候，價格的上漲率即使不是1%，接近1%的微小數值也可以。

　　價格彈性高的財貨在價格上漲時，需求量會大幅下降。以課稅為例，對價格彈性高的財貨課稅，就會導致需求量的大幅降低。相反地，必需品即使漲價，需求量也不太容易下降，因此對必需品課稅，對於窮人的生活會造成很大的傷害，但是對需求量的影響很小。

季芬財

　　需求曲線通常是從左上到右下的曲線，符合價格上漲就很難賣，價格降低就賣得好的實際經驗，像這樣的財貨稱為**正常財**。但是正如前面說到的，在極為罕見的情況下，有些非屬正常財的財貨，會隨著價格上漲而增加銷售量，這就叫做**季芬財**（Giffen goods）。

　　貧窮地區的必需品，有時會變成季芬財。

　　就以我的經驗來說。在我用每個月八百美元量入為出過日子的那段時間，附近超市有賣三包 1 美元的廉價義大利麵條，這是這家超市自行開發的商品，總之就是便宜但是難吃。因為太難吃，所以偶爾我也會買一包 1 美元的那種一般（但還算便宜）的義大利麵條。不過，有一次廉價義大利麵條漲價為三包 1.5 美元，如此一來，我連偶爾買一次普通義大利麵條的些微餘裕都沒有，全部都買了廉價麵條。接著就以這個例子，來說明「替代效果」和「所得效果」的概念。

　　當廉價義大利麵條漲價時，廉價的吸引力下降，於是人們會想買別種義大利麵條來取代它，這就是**替代效果**（substitution effect）。在我心裏當然也存在著替代效果，但是廉價義大利麵條的漲價，也代表我的所得八百美元的實質價值下降了，換言之我變窮了。閒錢變少就買不起貴的東西，只好買比較廉價的義大利麵條，這就是**所得效果**（income effect）。

　　我的情況是當廉價麵條漲價，替代效果使得我購買廉價麵條的意願下降，但也因為所得效果，使得我購買廉價麵條的意願上升。結果是，上升將下降打敗了。

當某種財貨為季芬財的時候，這就不是廉價麵條之於我的那種個人層次的事，而是攸關大家集體的需求。我們很少能夠從資料中確認某種財貨為季芬財，根據賓州大學的簡森（Robert T. Jensen）教授和伊利諾大學的米勒（Nolan. H. Miller）教授的研究結果，認為中國湖南省的米和甘肅省的小麥屬於季芬財。

第4章

供給曲線
多少錢的時候生產多少

第1章和第2章建立了個別消費者的分析背景。第3章將消費大眾視為一個整體，畫出需求曲線。第4章將建立個別生產者的分析背景，並且將生產大眾視為一個整體，畫出供給曲線。正如接下來會看到的，供給曲線和需求曲線的產生方式相同。第5章會把描繪財貨購買端的需求曲線，和描繪財貨銷售端的供給曲線放在一起，對買方和賣方相遇的市場進行研究。

邊際成本遞增

我對跑步有興趣，但跑了一段長距離之後，雙腳會漸漸沉重。長距離競賽時，即使是同樣的一公里，最後的那一公里要比最初的一公里更花時間。四十二公里的全馬，前半段花不到兩小時就可以跑完，後半段卻要兩小時以上。光說自己的事情真不好意思，但我想說的是以下這句話：

把跑步的時間加倍，不代表能跑兩倍的距離。

接著我們把馬拉松的跑步時間當作輸入，距離當作輸出，以此來思考生產活動。當然，馬拉松與其說是生產出東西來，其實只是一味消耗的活動，但這只是比喻罷了。這種生產活動的特點是：即使輸入加倍，輸出也不會跟著加倍的**報酬遞減**（diminishing returns）現象。接著就來舉個例子，說明報酬遞減的生產活動。

- 在農地面積固定不變的情況下，即使耕作者的人數或是耕種的作物加倍，收成也不會加倍。雖然農地面積同時加倍的話，收成量可以因此加倍，但是擴充農地

面積（至少短期來說）是困難的。

- 在工廠規模固定不變的情況下，即使將勞工的人數或原材料加倍，生產量也不會隨之加倍。如果工廠的規模也加倍的話，生產量是可以因此而加倍，但是擴建工廠（至少短期來說）是困難的。

報酬遞減的生產活動，即使能夠使產出加倍，所需的成本卻是兩倍以上。在農地面積固定不變的情況下，為了使收成加倍，需要具備特殊品種和專業知識；為了使工廠日夜不停運轉，必須支付加班費來雇用夜班工人。

生產量和生產成本之間的關係，可以用**成本函數**（cost function）來表示。如果生產活動的報酬遞減，則生產第二個單位的成本會高於生產第一個單位的成本，而生產第三個單位的成本，又高於生產第二個單位的成本。

多增加一單位的生產所增加的成本，稱為**邊際成本**（marginal cost）；若邊際成本隨著生產量增加而提高，叫做**邊際成本遞增**（increasing marginal cost）。「遞」這個字在平日不太常用，是「漸漸」、「漸次」的意思。

接著來整理一下成本和邊際成本的關係。

　　生產某個數量的（總）成本，是生產這個產量的邊際成本的總和，好比跑三公里的痛苦，等於「跑第一公里的痛苦，加上跑第二公里的痛苦，加上跑第三公里的痛苦的總和」。

　　舉例來說，生產三個單位的成本，是生產第一個單位的成本（即第一個單位的邊際成本），加上生產第二個單位的成本（即第二個單位的邊際成本），再加上生產第三個單位的成本（即第三個單位的邊際成本）。圖4-1歸納以上的關係。

　　無論是成本、邊際成本或兩者之間的關係，感覺也許有點複雜，但是邊際成本的概念很好用，希望大家有耐心。特別是在用圖表示成本的時候，把成本按照邊際成本來細分的話，視覺上會比較容易理解。

生產量的最適解

　　我們來思考一下生產某財貨的廠商。該財貨在市場上的價格為p元。由於該廠商的競爭對手很多，因此假設它的生產量不會影響到價格，是個**價格接受者**（price taker），價格接受者無法進行市場操作，換言之，無法透過減產來

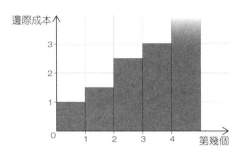

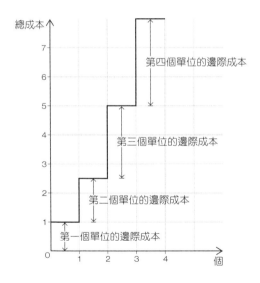

圖4-1　邊際成本和總成本的關係

提高稀少價值因而哄抬價格。與價格接受者相反的，是沒有競爭對手的獨占廠商（詳見第7章）。

接著思考身為價格接受者的某企業，要生產多少數量的財貨呢？生產第一個單位最便宜，用p元賣出時，獲利最高。生產第二個單位的成本高一點，獲利就少一點。由於邊際成本遞增，因此每多生產一個單位，所需的成本就逐漸上升，獲利則逐漸下降。

每多生產一個單位，獲利愈來愈小，到了某個時候獲利變為負值。那麼，多少的生產量，會使得銷貨收入減去成本的**利潤**達到最大呢？答案是，當再生產一個單位則獲利為負的時候的生產量。這一單位若是生產下去，邊際成本將會大於價格，而造成損失。

這是理所當然的，再多生產一個單位所產生的成本，會高於賣掉這個單位所獲得的收入，因此不要生產還比較好。使獲利極大化的生產量，就稱為**最適解**。最適解當然會因為邊際成本的型態而不同。

圖4-2的A廠商，在財貨價格p=3時，生產量的最適解為2個單位。其銷貨收入等於價格乘以最適解，也就是3×2=6元。將代表銷貨收入的長方形面積，扣掉相當於成

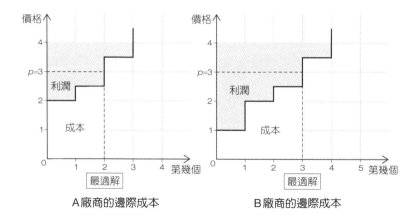

A廠商的邊際成本　　　　　B廠商的邊際成本

圖4-2　最適解會因為邊際成本的型態而不同

本的部分，得出來的面積就代表利潤。圖4-2的B廠商在p=3時，生產量的最適解為3個單位。銷貨收入為價格乘以最適解，即3×3=9元。將代表銷貨收入的面積扣掉成本的部分，得出來的面積就是利潤。

供給曲線

現在假設市場上只有A、B兩家廠商。在某個價格下，提供給市場的財貨總量，就是A廠商和B廠商的生產量總和。所以，將兩家廠商的邊際成本線橫向加總，就可以知道價格與相應的供給量之間的關係（圖4-3），而邊際成本的橫向相加所得到的曲線S，就叫做**供給曲線**（supply curve）。例如價格p=3的時候，S(p)=5。超過兩家廠商的時候，同樣是將邊際成本橫向相加，得出供給曲線。

需求曲線和供給曲線為相對的關係。需求曲線代表在不同的價格下，消費大眾願意購買的財貨總量；供給曲線則是在不同的價格下，生產大眾願意銷售的財貨總量。

有了供給曲線之後，兩家廠商的利潤總和，就是價格p的水平線和供給曲線之間的面積（圖4-3）。即使有三家

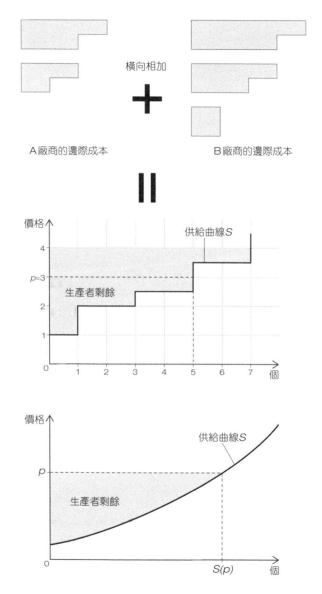

圖4-3 畫出供給曲線。將各廠商的邊際成本橫向相加。
生產者很多的時候，供給曲線會呈現平滑的形狀

以上的廠商，只要把邊際成本橫向加總，同樣可以畫出供給曲線。所有廠商的利潤總和稱為**生產者剩餘**（producer surplus），也就是，廠商在市場上「有利可圖的部分」。

就像需求曲線一樣，如果限制產量只能為整數，會造成圖解的不便，因此接下來供給曲線也會像圖4-3，呈現平滑的形狀。

第5章

市場均衡

市場上的價格是如何決定的？

第5章要探討消費大眾和生產者們聚集的市場。
將第3章的需求曲線和第4章的供給曲線畫在同
一張圖上，探討財貨在市場上要訂定什麼樣的價
格、這樣的價格代表什麼意義、消費者和生產者
是否都能接受。在應用方面，會分析對財貨課稅
時，價格會如何反應，會產生哪些損失。

市場均衡

　　市場上有為數眾多的消費者和生產者，在所有的人都是價格接受者的**完全競爭市場**（perfect competition market）中，價格如何決定？這個問題的關鍵在於需求曲線和供給曲線。第3章介紹了需求曲線，個別消費者在某個價格下購買所想要的數量，其總和即為需求。第4章介紹了供給曲線，個別生產者在某個價格下生產所想要的數量，其總和即為供給。

　　個體經濟學之所以稱為「個體」，因為它是個別消費者或個別生產者層級的累積，導出代表整個市場總體動向的需求曲線和供給曲線。為了分析應該在市場上訂定什麼價格，我們把需求曲線和供給曲線畫在同一張圖上。結論是，價格應該等於需求曲線D和供給曲線S相交的點p*（圖5-1）。

　　原因很簡單。如果p高於p*，供給S(p)會大於需求D(p)（圖5-2），這時候市場上會充斥物資，競相販售的結果會使得價格下跌。相反地，若是價格p低於p*，需求D(p)會大於供給S(p)（圖5-3），這時市場上物資不足，大

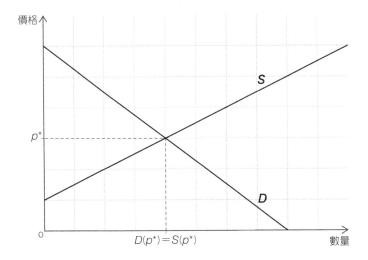

圖5-1　供需一致之下，穩定的市場均衡價格 p*

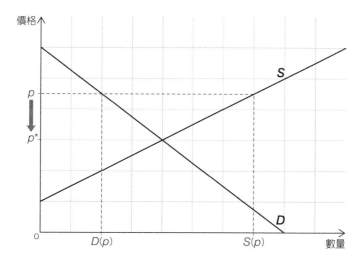

圖5-2 供過於求，價格過高導致降價

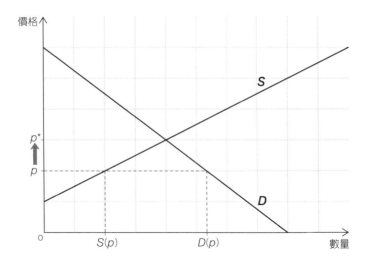

圖5-3　供不應求，價格過低導致漲價

家會競相購買而導致價格上漲。這兩種情況最後都會使價格趨近於p*。因此在p*時，需求和供給一致，也就是D(p*)=S(p*)，價格也趨於穩定。這個價格p*，就叫做**市場均衡價格**（market equilibrium price）。

社會剩餘

市場均衡價格相較於其他價格，具備哪些有利的特性呢？為了分析是否有利，就需要一個衡量的依據。目前的依據，在消費者端是消費者剩餘，在生產者端是生產者剩餘。接下來要思考消費者剩餘加生產者剩餘的**社會剩餘**，以此為準，衡量消費者和生產者聚集的市場整體的好處。

圖5-4在市場均衡價格下，消費者剩餘為A*，生產者剩餘為B*，社會剩餘為A*+B*。那麼，這個剩餘的值究竟算是大還是小呢？如果大的話，從社會剩餘的角度來說，完全競爭市場是有利的，如果小的話，就是沒有利的。於是，我們將市場均衡價格下的社會剩餘，和其他價格下的社會剩餘做一比較。

首先來看看，當價格 p 高於市場均衡價格時（圖5-5），消費者剩餘為 A，生產者剩餘為 B，因此社會剩

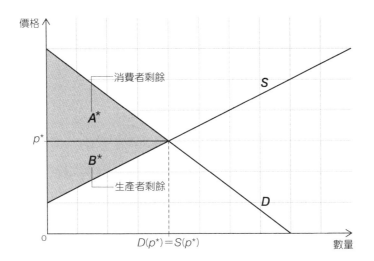

圖5-4 在市場均衡價格 p* 之下，社會剩餘達到極大化

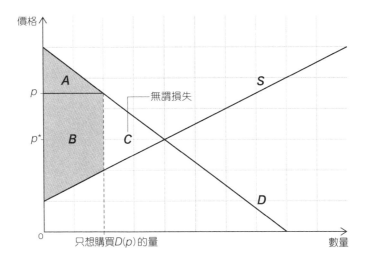

圖5-5　當價格高於市場均衡價格（即 p>p*），社會剩餘為 A+B

餘是 A+B，小於市場均衡價格時的社會剩餘 A*+B*。也就是說，市場均衡價格比較能增大社會剩餘，而兩者之差，也就是 A+B 和 A*+B* 之間的差，稱為**無謂損失**（deadweight loss），也就是圖 5-5 中的 C。

其次是價格 p 低於市場均衡價格時（圖 5-6），消費者剩餘為 A，生產者剩餘為 B，因此社會剩餘為 A+B，也小於市場均衡價格下的社會剩餘 A*+B*。無謂損失為 C。

也就是說，市場均衡價格是使得社會剩餘極大化的價格。而市場均衡價格的實現，有賴於當供給大於需求時價格下跌、需求大於供給時價格上漲的自由市場調節機制。

自由市場所引導的市場均衡價格，跟中央集權制度下制定的公定價格之間，存在著兩大差異。

第一，市場均衡價格比公定價格（一般而言與市場均衡價格不同）更能提高社會剩餘。

第二，市場均衡價格能因應消費者的偏好或生產者的成本函數等市場相關的狀態變化，而做出細微的調整。關於這一點，只要想想批發市場的競爭狀況就很容易了解。魚肉或蔬菜在某一段時期受大眾歡迎時價格比較高，歉收的時候價格也高。反之，受歡迎的程度下降或收成過多

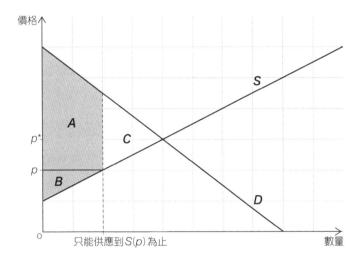

圖5-6　當價格低於市場均衡價格（即 p<p*），社會剩餘為 A+B

時，會導致價格崩跌。

比批發市場交易得更快、更頻繁的例子，可以舉買賣有價證券的東京證券交易所為例。東京證交所為了即時因應市場動向，能夠以百分之一秒為單位進行下單買賣，在一秒當中，價格以肉眼趕不上的頻率產生變化，因此是不用人工、而是以事先編寫好程式的高速電腦進行自動買賣，也就是**演算法交易**（algorithmic trading）。

另一方面，公定價格無法即時因應市場變化，價格變動必須經過一番政治角力，也很容易淪為政治鬥爭的藉口。

從量稅之下的市場均衡

日本香菸的售價中，大約有六成是稅金。菸草業者每賣出一千根香菸，就必須繳納給政府 12,244 日圓的香菸稅（根據日本財務省網頁）。像香菸稅這種根據銷售量課徵一定金額的租稅，稱為**從量稅**（specific tax）。其他的從量稅還有：對於含酒精飲料課徵的酒稅，對瓦斯課徵的揮發性油品稅等。

從量稅對於消費者、生產者乃至市場，會產生什麼影

響呢？此處要注意的是「從量稅的課徵方式」。從量稅的課徵，分為銷售者（生產者）納稅和購買者（消費者）納稅兩種方式，究竟用哪一種方式比較好呢？根據直覺判斷，銷售者納稅似乎是不利於銷售者，購買者納稅似乎是不利於購買者。

　　首先來思考銷售者每賣出一個單位，就要納稅 t 元的情況。

　　這時，假設市場均衡價格為 q。重述前面說過的，所謂的市場均衡價格，就是供需達到一致的價格，因此現在對銷售者來說，當價格為 q 時，實質的價格為 q−t，因為每賣出一個單位的財貨得到的 q 元，要從中扣除 t 元的從量稅。因此針對銷售者課徵 t 的從量稅時，只有在當 D(q)=S(q−t) 時，才能在價格 q 之下達到供需一致。

　　使 D(q)=S(q−t) 成立的供需一致的數量，究竟是多少呢？只要看一看圖 5-7 就能明白。這個數量，簡單來說，就是 D 和 S 的高度剛好相差 t 的時候的數量。也就是說，D 和 S 的高度差剛好為 t 時的量，會使得 D(q)=S(q−t)。

　　這時消費者剩餘為 A，生產者剩餘為 B，社會剩餘為 A+B。只是，生產者剩餘當中的 T，是生產者那一方要繳

納的從量稅，扣除稅金之後的生產者剩餘為B−T。和沒有從量稅時相比，社會剩餘減少的部分為C，這是引進從量稅導致市場均衡價格偏移，而衍生的社會損失。

接著考量購買者每買一個單位就要繳納t元稅金的情況。

假設市場均衡價格為r。因為很重要所以再說一次，所謂的市場均衡價格，是供需達到一致下的價格。現在對購買者而言，當價格為r時，實質價格為r+t，因為購買一單位的財貨不光要支付r元，還要付出t元的從量稅。因此對購買者課徵從量稅t時，所謂價格r使得供需一致，是在D(r+t)=S(r)成立的時候。

那麼，使D(r+t)=S(r)成立的供需一致的數量，到底是多少呢？只要看圖5-8就立刻明白。簡單來說，就是D和S的高度剛好相差t時的數量。也就是說，D和S的高度差剛好等於t時的數量，會使得D(r+t)=S(r)。

這時，消費者剩餘為A，生產者剩餘為B，社會剩餘為A+B。不過，消費者剩餘當中，要從購買者端繳納T的從量稅，扣除稅金後的消費者剩餘為A−T。相較於沒有從量稅的情況，社會剩餘少了C，這是引進從量稅導致市場

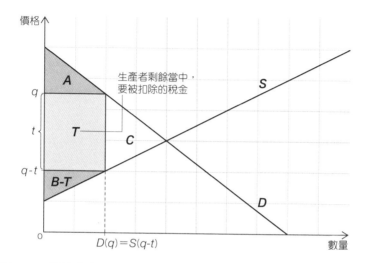

圖5-7 銷售者每賣出一單位財貨就被課徵從量稅 t 元時的市場均衡

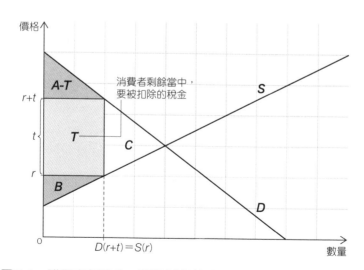

圖5-8 購買者每買入一單位財貨就被課徵從量稅 t 元時的市場均衡

均衡價格偏移,所衍生的社會損失。

　　從以上討論可以了解,不論是由銷售者納稅或是由購買者納稅,從剩餘的角度來說結果完全相同。

　　兩種課稅方式的剩餘相同,是因為在市場上如果採銷售者納稅的方式,價格會提高為q,如果採消費者納稅的方式,價格會降低為r,而且q=r+t。

　　從課稅的政府立場來看以上討論,可以知道兩種方法產生的剩餘並無差異,換言之政府課稅可以不用考慮剩餘的問題,而應該從其他觀點來思考課稅方式。

　　舉例來說,如果考量課稅的容易度,相較於對每一位消費者課稅,反倒是針對人數較少也較容易監管的銷售者課稅,還比較容易些。就如同香菸稅一般,消費者在購買香菸時,售價當中已經包含了從量稅,由銷售者向政府納稅的方式比較好。

　　要請大家注意的是,從量稅對社會剩餘造成的損害。如圖5-7和5-8所示,課徵從量稅會產生無謂損失C,而納稅額T是從消費者剩餘或生產者剩餘支付給政府的。

　　重複前面說過的,無謂損失是課徵從量稅所引起的社會損失,也就是對生產者而言的價格,和對消費者而言的

價格產生不一致的現象時,消費者剩餘和生產者剩餘的損失。

以上論點並不是主張,由於會發生無謂損失所以不應該課稅,因為,政府的諸多重分配政策和公共財的供給,若是不運用稅金就無法執行,這也是課稅的好處。儘管如此,課徵從量稅時,有必要針對課稅的好處提出充分的正當性,來說明為何即使導致社會產生無謂損失也必須課稅的理由。

鎖定對象課稅為何無法成功

從量稅的特點,是將特定的財貨當作課稅標的,從香菸乃至酒、汽油都是。然而,被鎖定的一方會想盡辦法規避課稅,甚至研發出原本不需要的技術來因應。

就以酒稅為例。1990 年代時,市面上開發出「發泡酒」這種帶有啤酒風味的含酒精飲料,發泡酒的麥芽比率低於啤酒,無須比照啤酒被課稅,因此生產者逃過了啤酒需課徵的酒稅,得以用便宜的價格販售。但是政府也不是省油的燈,2003 年規定發泡酒也要課徵一定的酒稅,受到影響的製造商於是更改原材料,開發出「第三類啤酒」,

再度規避針對啤酒和發泡酒課徵的酒稅。2006年又修改酒稅法，規定第三類啤酒也要課徵一定的酒稅。到了2016年，一罐350毫升的酒稅，啤酒為77日圓，發泡酒47日圓，第三類啤酒為28日圓。同年政府並宣布，今後將朝向稅額一律為55日圓的方針推動。

　　對啤酒課徵從量稅所造成的社會損失，不光只有無謂損失而已。原本不管是發泡酒還是第三類啤酒，都是製造商為了規避酒稅法對「啤酒」的定義，透過技術開發而製造出類似於劣質啤酒的東西，而技術開發當然要花錢。為了避稅而花費成本，也是從量稅所導致的社會損失之一，這種技術對當時日本的酒稅法來說是有用的（一時之間成功避稅），然而一旦日本的酒稅法改變，或者在酒稅法不同於日本的其他國家，就不是這麼回事了。本來應該可以用在其他技術開發的資金，卻耗費在和課稅機關的過招上。所以說，對特定品項課徵的從量稅，除了無謂損失之外，也容易產生上述的社會損失。

第6章

外部性

他人帶來的困擾或好處

第5章探討了市場均衡價格下的社會剩餘極大
化。但是,伴隨著企業生產活動所產生的公害等
等社會負擔,若是沒有被計入社會損失,就不是
真正地達到極大化。因此,如何把企業生產活動
對外部的負面影響內部化,第6章將思考如何課
徵環境稅。此外,我們也會學到對外部有正面影
響的情形(正的外部性),以及要理解IT服務所
不可不知的網路外部性。

負的外部性與庇古稅

我對杉木的花粉過敏。初春一到就鼻水噴嚏不斷，眼淚汪汪。花粉症的麻煩之處，一把鼻涕一把眼淚不用說，還要花錢看病。也就是說，負責從事杉木生產活動的林業人員，為我帶來了相當程度的困擾，至少我希望他們能替我付醫藥費，多少給點慰問金也好。

一如杉木的花粉症，某種生產活動非經買賣交易而帶給他人的負面影響，稱為**負的外部性**（negative externalities，又稱為**外部成本**）。例如對當地居民造成輕度危害的生產活動，這裏的「輕度」是指可以用金錢來補償的程度；如果得到的賠償金多於所遭受的危害，居民還會覺得自己賺到了。但是會造成重病或死亡的嚴重損害通常被認為是金錢無法彌補的，這裏所假設的不是這類的損害狀況。

假設以金額來估算企業生產活動對居民造成的損害，為生產一個單位時2元，兩單位時5元，三單位時9元（圖6-1）。增加生產所造成的**邊際損害**，為第一個2元，第二個3元（5−2=3），第三個4元（9−5=4）（圖6-2）。將

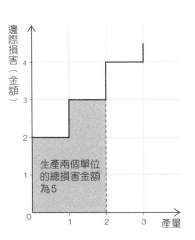

圖6-2　隨著產量增加所造成
的邊際損害

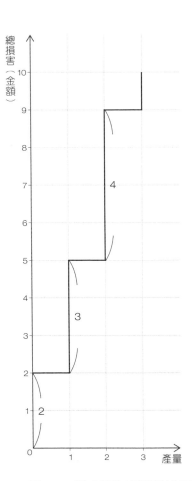

圖6-1　將企業生產活動給居
民帶來的損害，換算成金額

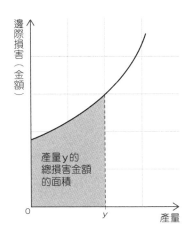

圖6-3　平滑的邊際損害曲線

　　邊際損害如同邊際成本一般畫成曲線，就成了圖6-3的樣子。當生產量為y，從0到y的邊際損害的面積，就代表總損害的金額。

　　假設企業的成本函數和伴隨而來的損害如圖6-4所示。市場價格為p。回想一下第4章學到的，此處企業產量的最適解，是邊際成本等於價格時的ȳ，但是生產這個財貨會使居民受到損害。如果把這項損害納入生產成本，「真正的成本」就變成生產成本加上損害的總和，而「真正的邊際成本」則是邊際成本加上邊際損害t，也就是圖6-4中的粗線。真正的最適解為y*。

　　接著來思考讓企業的產量從ȳ減少到y*，透過課徵環境稅也就是**庇古稅**（Pigovian tax），讓居民得到補償的情形。如圖6-4，真正的最適解為y*時，邊際損害以t來表示。在課徵庇古稅的情況下，企業每生產一個單位，就要支付t元的稅金，於是企業的每單位邊際成本就會增加t元。圖6-5說明企業被課徵庇古稅，每單位的邊際成本增加t元的情形。

　　被課徵庇古稅，邊際成本上升時的最適解，為新的邊際成本和價格一致時的y*，因此，企業生產「真正最適

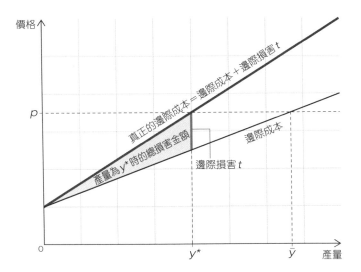

圖6-4　企業被課徵庇古稅之前的最適解為ȳ

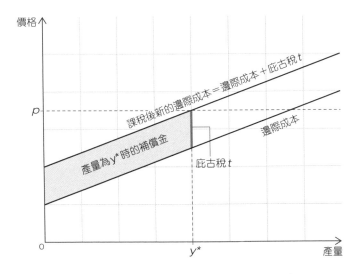

圖6-5　企業被課徵庇古稅之後的最適解為y*

解」的產量，居民則是獲得損害補償金 y*×t 元。比較圖 6-4 和圖 6-5 的面積可知，來自庇古稅的補償金大於總損害額。如此，企業透過庇古稅，來支付外部居民所承受的損害。這就是**外部性的內部化**。

正的外部性

生產活動不經過買賣交易而帶給第三者的正面影響，叫做**正的外部性**（又稱為**外部利益**），例如電鐵公司在某地區開通新的電車路線。電鐵公司當然會從這個路線得利，鐵路沿線的商業設施也會因為客人增加而獲利提升，得到正面的好處。

一般而言，正的外部性不同於負的外部性，不會成為社會的問題。此外電鐵公司多半會藉由像是沿線周邊的不動產開發，將正的外部性轉向內部化，典型的例子如關東的東急電鐵和關西的阪急電鐵，大部分的電鐵公司會將沿線周邊的住宅地和商業設施的開發，與路線開通視為一體而一同進行。

再舉其他例子。針對傳染病注射預防針也具有正的外部性，接受流感疫苗注射的人，不僅自己罹患流感的機率

降低，傳染給他人的機率也降低。而將這個正外部性內部化的方式，就是預防接種的費用並不是由個人負擔，而是由公立醫療保險機構負擔。不過，大家必須到醫院去接受預防接種，而且必須忍受打針的恐懼和疼痛，因此並不是完全「個人零負擔」。

網路外部性和協調賽局

將預防接種和通訊軟體做一比較。舉例來說，如果很多人接受了流感疫苗注射，流感就不容易擴散，自己接種流感疫苗的好處也就減少了。另一方面，如果很多人都用電子郵件通訊，就提高電子郵件的便利性，自己使用電子郵件的好處就會增加。

通訊軟體的好處在於，正由於他人使用該軟體通訊，自己使用相同軟體才有好處，這是因為通訊軟體的目的就是與他人溝通。

從推特、臉書、Line 等網路服務經營者的角度來看，情況又是如何呢？推特的新用戶，因為好友、關注的知名人士等已經在使用，所以自己也想用。以聯繫為目的的網路服務，其價值多半仰賴使用者的人數，這就叫**網路的外**

部性。

　網路服務的基本原理，是以既有使用者吸引新使用者，因此網路服務業者的一大課題，就是提供的服務要達到一定水準以促使用戶增加。因此，也想要加入的新業者，很難跟已經擁有眾多用戶的既有業者競爭。

　芝加哥大學的卡喬波（John T. Cacioppo）教授進行的大規模調查發現，美國在2005年到2012年間，每三對已婚夫妻中有一對是在網路上認識。目前網路上有match.com等頗具規模的婚姻媒合網站，在這種情況下，新的婚姻媒合網站在加入戰局之際，即使網站很好用，卻會因為一開始沒有既有的用戶，而難以取得新的用戶。

　協調賽局（coordination game）可以清楚說明做出跟別人相同的選擇，比自己做選擇更加重要。舉個簡單的例子，男女朋友正在考慮手機通訊要使用A公司還是B公司。如果男女朋友跟同一家電信公司簽約，就可以享有網內互打免費，這點對於兩人來說很重要，因為如果各自跟不同的電信業者簽約，就無法享受免費通話。

　可能發生的狀況有以下四種。（A,B）代表男生跟A公司簽約，女生和B公司簽約。所有的情況包括（A,A）、

（A,B）、（B,A）、（B,B）。

　　圖6-6是一個**報償矩陣**（payoff matrix），每一格代表在各種情況下，男生和女生的滿意程度。報償矩陣每一格中的數字，代表意思如下：當男生選擇A、女生選擇B的（A,B）時，男生和女生的滿意度均為1。

圖6-6　協調賽局的報償矩陣

男生＼女生	A	B
A	2,2	1,1
B	1,1	2,2

　　不過，（A,B）的情況並不會持續下去，男生會改和B公司簽約而成為（B,B），或者女生改和A公司簽約而成為（A,A）。至於為什麼會做出這樣的改變，是因為這樣能提高自身的滿意度。

　　舉例來說，在（A,B）的情況下，男生改和B公司簽約而變成（B,B），於是男生的滿意度從1上升到2，女生的滿意度也從1上升到2。當然，這個男生不僅考慮自己，也想到女友的滿意度，但是這點並不重要，即使他只

考慮自己的滿意度，也會改和B公司簽約。

於是，男生和女生就維持在（B,B）的情況下不變，萬一改變了的話，滿意度就會從2下降到1，這下子就吃虧了。在（A,A）也是一樣，男生和女生都不會改變。對兩人來說，手機公司是A還是B並非重點，無論是A公司也好，B公司也好，兩個人跟同一家公司簽約才是重點。

由於改變現狀就會吃虧，因此沒有人想單獨改變，像這樣的情況就叫做**奈許均衡**（Nash equilibrium）。奈許均衡是一種膠著狀態，在這個例子中的（A,A）和（B,B）都屬於奈許均衡，一旦陷入這種狀況，就呈現膠著狀態。

讓我們試著改變協調賽局的其中一個設定。現在，A公司的服務優於B公司，如圖6-7所顯示。這時候，（A,A）和（B,B）還是都處在奈許均衡，唯一不同的是對於男女雙方來說，（A,A）比（B,B）有利。實際上，由於A公司的服務優於B公司，因此情況（A,A）的時候，男女雙方的滿意度皆為3，（B,B）時兩人的滿意度皆降至2。

也就是說，在這個協調賽局中，對兩人而言（A,A）比（B,B）更有利，這稱為**柏雷托優勢**（Pareto superiority），至於（B,B）則是相較於（A,A）為**柏雷托劣勢**（Pareto inferiority）。

圖6-7　協調賽局的報償矩陣。奈許均衡（A,A）
相較於另一個奈許均衡（B,B）處在柏雷托優
勢。

男生＼女生	A	B
A	3,3	1,1
B	1,1	2,2

　　那麼，在這個例子中一旦陷入柏雷托劣勢（B,B），還
能鹹魚翻身嗎？我能說的是，在（B,B）的情況下，若是
男生或女生單獨將契約從B改成A的話，就會發生損失。
男生將契約從B改成A，就會從（B,B）變成（A,B），於
是男生的滿意度從2降為1，女生的滿意度也從2降為1。
因此為了脫離（B,B）的情況，兩個人必須一同從B變成
A才行。

　　當然，如果實際上男生和女生兩人商量好一起變更電
信業者就好了，但是，如果協調賽局的情境是以陌生人居
多，要大家一起從B公司改成A公司就很困難。

　　從網路服務業者的角度來說，即使自己提供的服務比

不上別家公司，只要得到多數的用戶，就可以繼續占上風。

俗話說「優勝劣敗」，照字面的意思，優者勝，劣者敗。但是在網路外部性強的市場中，不見得都是優勝劣敗，因為無論是優還是劣，先搶到奈許均衡的寶座才是贏家。

日本人熱愛「生產製造」，但是製造業的生產製造對網路外部性高的服務來說未必重要，因為透過口耳相傳讓更多人成為服務的用戶，或是奪得標準規格的寶座，才是與同業競爭的唯一致勝關鍵。網路外部性告訴我們，功能優越的商品未必能成為贏家。

但是，包含這本書在內，我幾乎所有的稿件都是用微軟公司的文字處理軟體 Word 寫成，儘管我經常聽到關於 Word 的壞話，而且多半言之成理，但是至今我依然用 Word 寫稿，也沒有聽過出版社表示不接受用 Word 寫成的稿子，而這點正是我用 Word 的好處，於是我繼續使用 Word，儘管我的力量微小，但可能因此提高出版社繼續接受 Word 稿件的好處，這或許正是柏雷托劣勢的奈許均衡。

第 7 章

獨占和寡占

各種各樣的市場

第5章我們學到，所有企業都是價格接受者的完全競爭市場，可以達到市場均衡價格，得到最大的社會剩餘。但是在只有一家企業的獨占市場，或是在少數企業的寡占市場中，企業就不是價格接受者了。在這種不完全競爭市場，企業會刻意減產以哄抬價格，進而提高利潤。話雖如此，但是當未來出現競爭者時，完全發揮獨占者的力量就未必有利。

減產導致價格高漲

石油輸出國組織（OPEC）是由沙烏地阿拉伯和伊朗等產油國家所組成的聯盟，2016年12月10日該機構和其他主要產油國召開首長會議，達成石油減產的協議，導致原油市場的油價上升，產油國的意圖奏效。

不光是石油，一旦供給市場的財貨數量變少，這種財貨的價格就會上升。來看看圖7-1和圖7-2。

首先，在市場均衡的狀態下，供給量為Y*，價格為p*。各生產者的利潤總和亦即生產者剩餘，是B*所表示的面積（圖7-1）。現在如果各生產者將總供給量降至Y，這時價格上升至p，生產者剩餘增加為B（圖7-2）。

新的生產者剩餘B，大於原本的B*。因此，供給量從Y*減至Y，對生產者來說是有利的，但是對消費者來說就不是如此，原因是消費者剩餘從A*減至A。那麼，減產對於兩種剩餘的總和也就是社會剩餘來說，究竟是好是壞？減產後的社會剩餘A+B，相較於市場均衡下的社會剩餘A*+B*，前者比後者少了C。減產使生產者獲利，但是卻導致消費者蒙受損失，整體來說就產生了C的無謂損失

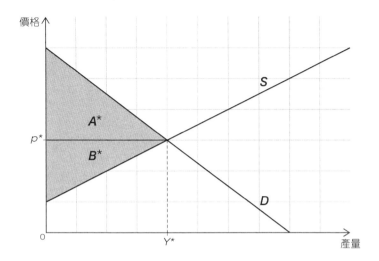

圖7-1　市場均衡的狀態。生產量為 Y*(=D(p*)=S(p*)) 的市場均衡，社會剩餘達到最大

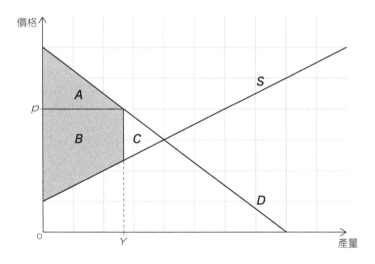

圖7-2　減產後的狀況。生產者剩餘 B 大於原本的 B*，消費者剩餘 A 小於原本的 A*。兩者相加的社會剩餘 A+B，小於原本的 A*+B*

（即社會損失）。

　　自己的生產量無法影響市場價格，這樣的企業就稱為價格接受者。價格接受者即使自己一家減產，也不具備拉抬價格的影響力。市場上競爭對手多的時候，各家企業就成了價格接受者。所有的企業都是價格接受者的市場稱為**完全競爭市場**，否則就是**不完全競爭市場**（imperfect competition market）。只有一家企業存在的市場叫做**獨占**（monopoly）**市場**，當然是屬於不完全競爭市場。

　　獨占企業本身的生產量，就等於在市場上流通的財貨總量，因此有強大的力量，透過產量來控制價格，例如它可以減產使得價格上漲從而提高利潤。當然，同樣的做法即使不是獨占企業，也可以透過聯盟組織，採取如同獨占企業般的行動，產油國聯盟就石油減產達成的協議就是。

　　有些農家在豐收的年份為了避免價格崩跌，會將辛苦種植的蔬菜丟棄報廢，也是類似於石油減產協議的例子。2012年時日本的白菜、高麗菜等盛產，東京大田市場的價格崩跌，較平常年份低了三成之多，全國農業組合聯合會為了拉抬價格，於是要求農家將蔬菜廢棄。產量占比很大的長野縣，只好將2,175公噸的白菜和150公噸的高麗菜當

作廢棄物處理。（日本經濟新聞電子版，2012 年 9 月 18 日）

　　每個農家都是價格接受者，但經由聯盟使得他們不再是價格接受者，能夠如同獨占企業一般採取行動。由於大規模地廢棄作物，使得價格終於回升。把食物扔掉實在浪費，或許有人會想，丟了可惜，免費送人多好，但是這麼一來又會使得市場需求降低，到頭來又造成價格崩跌。對農民來說，毀棄辛苦種植的蔬菜是件傷心的事，但是不這麼做的話，就真的會血本無歸。

阻擋新加入者

　　換個話題，若是想研讀比本書更深奧的正規個體經濟學，就需要具備一定的數學程度。

　　在此推薦一本教科書給想要好好學習經濟數學的讀者，《經濟學中出現的數學》（尾山大輔、安田洋祐編著，日本評論社，以下簡稱《經出》）。該書內容豐富且淺顯易懂，實在是本好書。

　　接著，從實體外觀的角度來說，《經出》是一本大部頭的書，B5 大小共 380 頁，照理說生產成本應該不低，定價卻只有 2,100 日圓（第一版第一刷的未稅價）。就常理而

論，像這樣大小、頁數的書，定價少說也要3,800日圓。

特別是，《經出》這本高品質的經濟數學教科書，是具有獨占地位的商品，就算把價格訂得再高一點，銷量應該也不會減少多少才對。套用第3章說過的，該書的價格彈性很低。既然如此，為什麼要刻意訂個低價，讓它變成薄利多銷的商品呢？

我並不知道這麼訂價真正的意圖，搞不好是佛心來著。但是有件事可以確定。

那就是，因為《經出》的出版，使得一直打算「哪天來寫本經濟數學的書」的我，完全打消了念頭。當然，我並沒有不自量力地，想要寫一本跟《經出》得以相提並論的書。

但是，就算是假設好了，我投注大量的心血，寫出了一本和《經出》同樣高品質的經濟數學教科書，至於有沒有出版社想用2,100日圓以下的價格來出版這本書，我想答案大概是沒有。出版本書的岩波書店應該也不想吧。

有難度、但定價在2,000日圓以上（但其實非常便宜）的經濟數學教科書，並沒有很大的市場。假設就算我寫的書很暢銷，搶走了一部分《經出》的讀者群，也只能賺取

薄利而無法多銷。想到這裏，我就提不起勁來寫一本「錢少事多」的書了。

也就是說，我或者其他出版社進入經濟數學教科書市場的誘因，因為現有的價廉物美商品的存在，而大打折扣。我猜說不定除了我之外，也有一些經濟數學教科書的作者因此而打消了念頭。

即使是具有獨占地位的高品質財貨，在市場上沒有潛在競爭對手的情況下，長期下來，高價不見得能提高利潤，因為即使高價一時之間帶來高利潤，不消多時就會引來新的參與者在價格上一較長短，因而降低了長期的利潤。

接下來就舉個例子，說明新參與者如何加入價格競爭。

史坦威（Steinway）鋼琴獲得世界級演奏者們的高度評價，在日本許多音樂廳也採用，過去松尾樂器商會向史坦威公司取得了日本國內獨家販售代理權，也就是說，松尾樂器商會在日本國內獨占了史坦威鋼琴的供給。

另一方面，史坦威公司在日本以外的國家例如荷蘭或德國的代理商，也在販售該公司的鋼琴。於是就有松尾樂器商會之外的其他日本商社，透過平行輸入的方式，跟這

些國外的代理商買進史坦威鋼琴,進口到日本來販售。

於是,松尾樂器商會請求史坦威公司採取禁止平行輸入的做法,請史坦威公司積極要求這些國外代理商不要賣給日本商社。一開始史坦威公司呼應了松尾樂器商會的要求,但是,日本的公平交易委員會告誡此舉違反了獨占禁止法,於是平行輸入再度開放。

以上例子的結論歸納如下。即使目前是獨占企業,一旦將來有一天有競爭對手想加入時,就算是獨占企業,產品訂高價也未必有利。有時反而是刻意壓低價格以削弱競爭對手加入戰局的意願,還比較有利。

擴展式賽局

接著來介紹能夠清楚描述上述情況的**擴展式賽局**（game for extensive form）。所謂擴展式賽局,是在某位參與者先攻,其他參與者後攻時,分析每個人依序決策時的不同情況。首先我們整理各種狀況,用**賽局樹**（game tree）來說明擴展式賽局。

參與者包括既有的獨占企業 A,以及有意新加入的企業 B。接著分兩階段,來思考擴展式賽局。

　　第一階段是由先攻的 A 來做選擇，也就是 A 要選擇對獨占販賣的財貨訂定「高價」或「低價」。第二階段是由後攻的 B 來做選擇，B 觀察 A 在第一階段的選擇，來決定是要「參與」還是「不參與」販賣相同的財貨，之後才能確定兩家公司的利潤。

　　如果 A 公司訂高價，看在眼裏的 B 公司研判自己有勝算，於是打算加入戰局。但是如果 A 訂了低價，B 公司會判斷自己沒有勝算而決定不加入，因為即使以低價來對抗低價也只是損失罷了。事先想到這種情況的 A 於是訂了低價來削弱 B 公司加入的誘因，結果因而獲利。圖 7-3 的賽局樹所表達的擴展式賽局，就在描述上述狀況。

　　A 公司訂定低價而 B 決定不加入，這樣的選擇組合（低價, 選擇不加入），是一種**子賽局完美均衡**（subgame perfect equilibrium）。所謂子賽局完美均衡，是指參與者預先設想「當自己採取某個行動時，對手會如何反應」，因而做出使自己獲利最高的選擇。接著我們就逐一分析 A 的想法。

- 如果自己選擇訂高價，B 會來參與嗎？應該會。因為 B 若參與利潤為 2，不參與為 0。

124

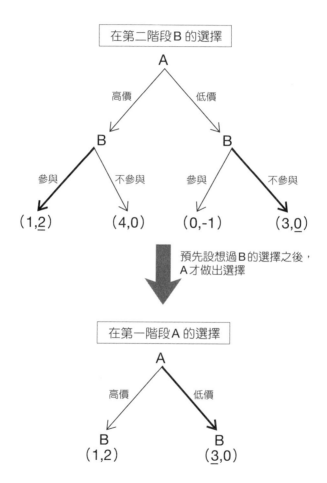

圖7-3　擴展式賽局，A事先訂定低價以削弱B參與競爭的誘
因，A因而獲利。括弧中的數字代表（A的利潤，B的利潤）。

- 如果自己選擇訂低價，B 會來參與嗎？應該不會。因為 B 若參與利潤為 -1，不參與為 0。
- 至於自己的利潤，選擇訂高價時為 1，訂低價時為 3。因為訂低價比較有利，所以自己會選擇訂低價。

於是 A 選擇訂低價，B 選擇不參與。A 採取從後往前的逆向解題法，設想當自己採取某個行動時，對手會如何反應，這種推論方式叫做**倒推法**（backward induction）。子賽局完美均衡的結果，可以用倒推法求得。

庫爾諾寡占市場

生產相同財貨的 A 公司和 B 公司分別決定自己的產量，兩家公司的生產量總和會決定市場價格，從而決定了兩家公司各自的利潤，這樣的市場叫做**庫爾諾**（Cournot）**寡占市場**。

第 3 章學到的伯特蘭德寡占市場，供給者（販賣咖啡的約翰和保羅）選擇自己的訂價。然而，庫爾諾寡占市場中的供給者（A 公司和 B 公司）所能選擇的只是產量。

由於自己公司的產量會影響價格，因此庫爾諾寡占市

場中的企業不是價格接受者。此外,其他公司的產量也會影響價格,因此不同於獨占企業。像這樣只有少數企業存在的市場稱為**寡占**(oligopoly)市場,特別是當只有兩家企業的時候,稱為**雙占**(duopoly)。

為了簡化起見,我們以「少量」、「中量」和「大量」,來表示各家公司能夠選擇的產量。可能的情況有3×3=9種。圖7-4顯示兩家公司在各種狀況下的利潤。舉例來說,A的產量為「少量」,B為「中量」時,A的利潤為4,B的利潤為8。從圖7-4可知,當A和B都選擇生產少量(少量,少量)時,兩家公司都是高利潤(7,7),看起來還不錯。想像一下,這時候財貨的稀少價值提高,價格因而變高……圖7-4的數字是我在這樣的想像之下而填上去的。

圖7-4 利潤表

A＼B	少量	中量	大量
少量	7, 7	4, 8	3, 6
中量	8, 4	5, 5	2, 2
大量	6, 3	2, 2	1, 1

　　但是，（少量,少量）的情況難以實現。無論是 A 公司或 B 公司，如果對手選擇生產少量，自己選擇生產中量會比較有利，因為假設 B 選擇生產少量，A 的利潤在選擇少量時為 7，中量為 8，大量為 6。

　　那麼，實際上結果會是如何呢？結論是，A、B 兩公司都選擇生產中量（中量,中量）。即使結果是其他狀況例如（少量,少量），也是無法持續的。至於原因，就讓我們從 A 的立場來看看利潤表。

　　假設 B 生產中量，A 會怎麼做呢？結論是，這時 A 應該會選擇生產中量，我們以利潤數字來說明。B 公司選擇生產中量，A 公司選擇生產大量的話，會發生價格崩跌而導致利潤只有 2；A 如果選擇生產少量，雖然價格不會崩跌，但是因為產量少的關係，利潤頂多也只有 4。若選擇生產中量，無論就價格和產量都恰到好處，利潤為 5。因此，對 A 來說選擇生產中量最有利。同樣地 B 也是如此，A 公司決定生產中量的話，自己也生產中量最有利。

　　在（中量,中量）的情況下，只要對手在現在的選擇下，自己也做現在的選擇，才是最有利的。這時候，任何一方一做改變就會造成損失，這種現象稱為**奈許均衡**（請

參考第6章）。

　　此處的奈許均衡只發生在（中量,中量）的情況下，其他情況都不是奈許均衡。例如（大量,中量）時，A公司減產成中量的話，利潤就會從2增加到比較有利的5，因此（大量,中量）不是奈許均衡。

　　對A公司和B公司來說，（少量,少量）的利潤7，大於奈許均衡下的（中量,中量）的利潤5。也就是說，把消費者的利益擺一邊，只考慮生產者A和B的話，（少量,少量）相較於（中量,中量）為柏雷托優勢（第6章）。A公司和B公司如果為了提高自身的長期利潤而進行協商，就有機會使（少量,少量）的情況持續下去。關於協商，與第3章伯特蘭德競爭的協商是相同過程，請讀者回去參考這方面的討論內容。

第 8 章

風險與保險
確定性與不確定性

第 8 章探討在不確定下的「附條件財貨」,這種
財貨就像保險,只有在未來生病時才獲得金錢給
付,是一種只有在符合特定條件時才發生的財
貨。本章要探討在預期效用理論的基礎上,什麼
樣的人會花比較多錢買保險,以及為何保險可以
成為一門生意。

附條件財貨

投保人壽保險時會怦然心動的人，應該不多。對店裏販售的洋裝一見鍾情、在書店瀏覽一本書深受吸引於是買回家、或是在喜歡的西餐廳點一份愛吃的午餐，像這樣怦然心動而投保人壽保險的人，我想應該是幾乎沒有。

人壽保險這種商品，是自己死後別人可以拿到金錢。若是身為家庭的主要經濟來源，多半是考慮到萬一自己遭遇意外或病死而投保人壽保險，若是因為怦然心動而投保，這種情況可就挺不妙了。

但是，人壽保險和洋裝、書本、午餐不同的地方，不光是投保時沒有怦然心動的感覺。人壽保險這種商品，是在契約簽訂的期間內，萬一被保險人死亡，指定受益人得以向保險公司請求保險金。而洋裝或書本或午餐等商品，不能在將來「萬一」的情況下獲得某種東西。

未來若是被保險人死亡這個「萬一」的條件成立的話，受益人可以向保險公司請求契約上訂定的金額，條件不成立時就無法請求。因此，只有在未來特定的條件成立時，特定的行為才可能發生的財貨，就稱為**附條件財貨**。

　　和賭博、投資相關的財貨是附條件財貨，例如彩券，只有當彩券上的號碼和中獎號碼相同時才可以兌領獎金，賽馬的馬票或賭輪盤時的籌碼也是。股票或有價證券等金融商品，其交易價格每天隨著經濟或經營狀況而變動，也都是附條件財貨。

　　美術品的情況則稍有不同。例如現代美術作品不光是當作興趣或欣賞之用，也可以當成投資標的。投資者買進前途看好的新進畫家的作品，對他們來說這就是附條件財貨，只有在未來這位畫家的評價提高的條件成立下，才可能賣得高價。

不確定性

　　我們以抽籤為例，來思考附條件財貨。假設市面上販售一種彩券，有50%的機率可以獲得一萬元，剩下的50%機率是一毛都得不到。你願意花多少錢來買這種彩券？彩券在買入後結果立即分曉，中獎立即獲得獎金。

　　我個人最多只想付一千元來買這種彩券，因為特地去買這種彩券然後（可能）損失金錢，在我看來是一種浪費。因此，多於一千元我就不買，若是一千元則是可買可

不買，低於一千元我就買下去。也就是說，確定付出一千元，和得到一張帶有不確定性的彩券、它一萬元和零元的機率各半，兩者對我而言是無差異的。

因此，和不確定的彩券無差異的確定金額，稱為這個彩券的**確定性等價**（certainty equivalent）。用確定性等價的概念替每個人的風險態度分類，是個方便的做法。

我主觀認定的確定性等價為一千元，但也有人願意花五千元買彩券，或者一元都不願意出，這時就看得出人們對於風險（risk）的不同態度。每個人對風險所抱持的態度，最初應該是建立在對某樣東西的喜好度的基礎上。接著，我想從「金錢的效用」來理解這件事。

現在，假設某人在擁有金額m時的滿意度為U(m)。為了表達的簡化起見，我會把滿意度的數值U(m)稱為**效用**（utility），U是一種**效用函數**（utility function）。

金額提高則效用上升，這樣的假設應該是恰當的。也就是說，m增加的話，U(m)也會增加，只是增加到什麼程度就因人而異。首先來看看圖8-1的例子，圖中的效用函數，隨著金錢增加，效用也增加，但是增加的量漸漸減少，呈現**邊際效用遞減**的狀態。

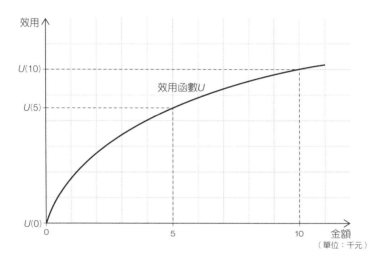

圖 8-1　效用函數 U 顯示出金錢的邊際效用遞減。即使五千元倍增為一萬元，效用也沒有增加為兩倍

圖8-1效用函數的特徵是，即使金額加倍，效用也不
會增加為兩倍。如果以一千元為單位，五千元的效用為
U(5)，一萬元的效用為U(10)，效用兩倍即U(5)+U(5)，大
於金額加倍時的效用U(10)。

預期效用（expected utility）**理論**說：「人們會以效用
發生機率的加權總和，即**預期效用**，來評價附條件財貨。」
贏得一萬元和零元機率各半的彩券，預期效用為0.5×
U(10)+0.5×U(0)。然而該彩券的**期望值**（expected value），
是將金額乘以機率加總起來，即0.5×10,000+0.5×0=5,000。
預期效用不是金額的期望值，而是效用的期望值。

由圖8-2可知，U(3)=0.5×U(10)+0.5×U(0)，也就是百
分之百的機率可以獲得三千元的彩券，跟獲得一萬元和零
元的機率各半的彩券，預期效用相等。所謂100%的機率
可以獲得三千元的彩券，簡單來說就是三千元本身（來自
三千元的效用本身就是預期效用）。因此這個人不會花三
千元以上來買這個彩券，低於三千元就會買。也就是三千
元為確定性等價。

金錢的邊際效用遞減的人，在沒有中獎時的損失很
大，因此會偏好金額小但是確定能獲得獎金的彩券。

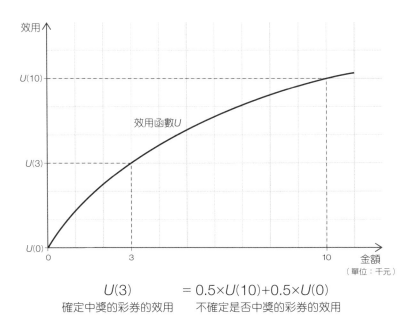

$$U(3) \qquad\qquad = 0.5 \times U(10) + 0.5 \times U(0)$$

確定中獎的彩券的效用　　不確定是否中獎的彩券的效用

圖 8-2　預期效用與確定性等價。獲得一萬元和零元的機率各半的彩券，和一定可以獲得三千元的彩券，對兩者的喜好相等。該彩券的確定性等價為三千元。從這人的預期效用來看，他屬於風險規避者

他們的確定性等價低於期望值，這稱為**風險規避**（risk averse）。由於風險規避的人很多，因此保險這種商品才得以存在。

風險愛好與風險中立

金錢的邊際效用遞增的人，中了彩券時會特別高興，彩券的確定性等價高於彩券的期望值，這就稱為**風險愛好**（risk loving）。從圖8-3邊際效用遞增的例子，獲得一萬元和零元機率各半的彩券，確定性等價為八千元。這個人如果讓他中了一萬元他會欣喜若狂，因此雖然獲得一萬元的機率只有50%，但他願意掏出八千元來買這張彩券。

對於金錢的邊際效用固定的人來說，彩券的確定性等價和該彩券的期望值相等，這稱為**風險中立**（risk neutral）。圖8-4的例子中，獲得一萬元和零元機率各半的彩券，確定性等價與期望值同為五千元。

保險公司和風險溢價

現在來看看一位處在不確定狀況的房東，他有50%的機率獲得租金收入一萬元（狀況A），50%的機率獲得零

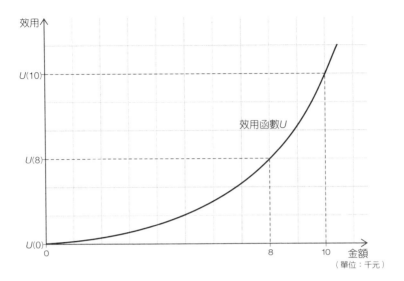

圖8-3　金錢的邊際效用遞增的效用函數 U。以彩券的確定性等價為八千元為例，從這人的預期效用來看，是屬於風險愛好者

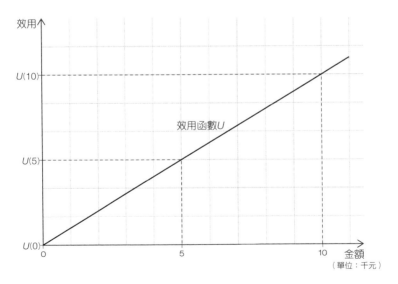

圖8-4　金錢的邊際效用固定的效用函數 U。以彩券的確定性等價為五千元為例，從這人的預期效用來看，是屬於風險中立者

元（狀況B），由於這種不確定性，他向保險公司尋求解決之道。將租賃標的物視為附條件財貨，其處理方式與目前為止對彩券的處理方式相同，房東屬於規避風險型的人，該附條件財貨的確定性等價為三千元。

保險公司於是對房東提出以下的保險建議：「如果房租收入一萬元即狀況A實現的話，請你付給我七千元。相反地，如果房租收入零元即狀況B實現的話，我就付給你三千元。」

也就是說，保險公司建議的方式，是不管發生狀況A或狀況B，房東收入都是三千元。房東對於這個「彩券」的確定性等價為三千元，因此保險公司的提議對房東來說剛好在可容許範圍內。

請回想一下，該「彩券」的期望值為五千元（$0.5 \times 10,000 + 0.5 \times 0 = 5,000$）。期望值和確定性等價的差，叫做**風險溢價**（risk premium）。這個例子中的風險溢價，為期望值五千元和確定性等價三千元的差，即兩千元。這是保險公司在與房東簽約階段所假設的獲利，也是代替房東承擔風險而產生的獲利。

話雖如此，這真的是「獲利」嗎？狀況A發生時，保

險公司可以獲得七千元，但狀況 B 發生的話，就損失三千元。也就是說在簽約階段，保險公司還無法確定賺到這兩千元風險溢價。

另一方面，假設保險公司跟許多與這位房東處境相同的人，簽訂相同內容的保險契約。包含房東在內的這群人，有些人發生狀況 A，有些人發生狀況 B。

當簽約的人非常多，會有近 50% 的人發生狀況 A，近 50% 的人發生狀況 B，就好比非常多的人同時擲骰子的時候，擲出每個數字的人各約占六分之一。

為了容易理解起見，假設有十萬人簽訂保險合約，保險公司從這些人當中的大約五萬人獲取七千元，付給剩餘的大約五萬人三千元，也就是從狀況 A 的每一人獲得七千元，把其中四千元抽起來（當作利潤），付給每一位狀況 B 的人三千元。

保險公司抽取的總金額，為四千元乘以約五萬人，約等於兩億元，將它除以簽約人數十萬人，約兩千元，約略等於風險溢價的金額。也就是說，保險公司因為跟非常多人簽訂相同內容的契約，因此整體來說風險下降（也就是**避險**〔hedge〕），就能夠以極高的機率提高收益。

逆選擇

好萊塢女星安潔莉娜裘莉，從遺傳基因檢查而得知自己的BRCA1基因異常，醫生表示，如果放任不管的話，有87%的機率會罹患乳癌，50%的機率罹患卵巢癌。有鑑於她的母親、祖母和姑姑都因為以上癌症而早逝，裘莉於是在自己罹癌之前，就預先把乳房、卵巢、輸卵管切除（Angelina Jolie Pitt, "Diary of a Surgery," 紐約時報，2015年3月24日）。

罹患特定疾病的機率因人而異。假設有罹患某種疾病的高風險群和低風險群，每個人都知道自己屬於高風險群或低風險群，而保險公司則不知道。也就是說，投保人和保險公司對於風險型態，處於**資訊不對稱**（information asymmetry）的情況。

現在來想一想，保險公司販賣有關某種疾病的保險。保險公司並不知道誰是高風險，誰是低風險，因此每個人的保費一律相同。

那麼，什麼樣的人會或不會投保，以及是否高風險群的人愈會去投保呢？隨著時間過去，高風險群者有高機率

會罹患疾病，保險公司注意到這一點，於是提高保費，結果使得低風險群的人變得不願意投保，這麼一來高風險群者占投保人的比例當然上揚，這種狀況就稱為**逆選擇**（adverse selection）。

消除逆選擇的簡單方法，是不管每個人的風險高低，全體強制性投保。日本的全民保險就是這種做法，透過社會全體來規避高低不同的風險，這樣的機制可說是「風險的社會化」。

另一個消除逆選擇的方法是，保險公司要求投保人揭露情報，例如要求在投保審查的時候，提供遺傳基因的檢查結果，以拒絕受理高風險者投保，或要求高額的保險費。相反地，低風險者可能不投保，或只支付低額的保險費。這可以說是「風險的個人化」。

當今基因檢查尚未普及，申請投保時，不會被要求提供遺傳基因的檢查結果，即使如此，現在已經有許多有病史的人，在投保民營公司的保險時遭到拒絕，因此未來當遺傳基因檢查普及的時候，特定遺傳基因異常的人，在申請投保民營保險公司的保險時遭拒，也不是件奇怪的事。

人不能選擇自己的遺傳基因，因為遺傳基因而被拒絕

投保，可說是相當殘酷的事。但是，民營保險公司為了追求利潤而排除高風險者的做法有錯嗎？這是和保險倫理有關的難題，而這個難題的存在，也就使得不問遺傳基因，全體強制加入的公營保險制度，顯得更加有意義。

第9章

公共財

為什麼對大家來說很重要的事物，
總是不夠？

到目前為止的各章，是設想財貨就像水或食物一樣，由擁有者一個人消費（即使可以將財貨給別人，但也只有那個人可以消費），這類財貨稱為「私有財」。第9章將探討非私有類型的財貨。人人皆可共同使用、且即使自己沒有出錢也可以使用的公共財，若是交由每個人自發性地供給，就有可能供給量不足。

四種財貨

我學了大半輩子的經濟學，深切感到太陽真是偉大。無論我有什麼煩惱，晴天時只要到海邊、河邊或草原上走一走，心情往往豁然開朗。工作的截止期限到了也無所謂，頂多被大罵一頓，先放著不管，只能對拜託我做事的人說聲歹勢。或許是因為在太陽底下動動身子，就能使腦內掌管提高幸福感的物質流動得更順暢一些吧。沒有所謂的煩惱，只有處在煩惱狀態的腦，既然如此，用物理方式改變這種狀態不就好了。

不好意思，說了些自己的想法。回到經濟學的話題。

人類不同於植物，無法行光合作用，換言之，為了活下去，就不能沒有水和食物。那麼到底太陽這種財貨，和水或食物在消費上到底有什麼不同呢？在此我要舉出兩個特點，來說明水或食物會用盡但太陽用不盡，再從這些特點對各種各樣的財貨進行分類。

- 競爭性：無法許多人同時使用
- 排他性：只有付出自己的一份貢獻的人才能使用

　　水或食物具有競爭性。我喝的水、吃的東西，別人無法吃、喝。此外水和食物有排他性，我擁有的水和食物，只有我或是我同意的人才能飲食。

　　另一方面，太陽既不具競爭性，也不具排他性。我沐浴在陽光下的同時，別人也可以這麼做。此外任何人都可以蒙受太陽的恩惠，就算沒有納稅，沒有繳入會費，也都可以沐浴在陽光下。

　　太陽慷慨大度地存在，既不是某人製造的，也沒有人為太陽付出生產成本。但是一般而言，不具競爭性與排他性，換言之任何時間、任何人都可以蒙受其利的財貨，並不是自然地來到這個世界，多半都是由某人供給的。

　　具競爭性和排他性的財貨稱為**私有財**（private goods）。目前為止我並沒有明說，其實這本書中我在考察市場狀況時，是將財貨設定為私有財。本章則是想探討與私有財相反，不具競爭性與排他性的**公共財**（public goods）。首先我要舉幾個公共財的例子。

〔公共財的例子〕

- 國防　當國家保衛人民抵禦外侮時，該國的全體國民

同時蒙受國防的好處（非競爭性），即使沒有納稅的
人也蒙受其利（非排他性）。

- 一般道路　其他人使用道路，只要不是造成大塞車，
  大家都可以同時使用（非競爭性），即使是沒有納稅
  的人，也無法限制其使用道路（非排他性）。

財貨要不具排他性，有幾種現行的模式，包括：實質
上無法排他、從社會的角度不應排他，以及從經濟的角度
無法排他等等。

以國防來說，沒有納稅的人也無法在實質上排除其享
受國防的利益；此外，生命安全為基本人權之一，從社會
的角度也不應該排除。

就一般道路來說，沒有納稅的人，也擁有「移動自
由」的基本人權，從社會的角度不應將之排除。此外，對
沒有納稅的人限制其使用一般道路，要花大錢設置監視器
或閘門，不符合經濟效益。

高速公路屬於非競爭性但具排他性的**俱樂部財**（club
goods）。高速公路只要用路人不是多到引起塞車，大家都
可以同時使用（非競爭性）。此外，不繳納高速公路使用

費的人，就無法使用高速公路（排他性）。高速公路採使用者付費的方式，其想法的基礎是，高速公路所提供的服務已超越了「對移動自由的保障」，因此沒有人權上的問題。

具競爭性但不具排他性的是**共有財**（common pool goods），例如漁業水域。漁夫們在漁業水域競相捕魚，屬於競爭性。但是只要持有捕魚的許可執照，就不能對其設限（非排他性）。如果大家不控制漁獲量，就可能變成濫捕，導致海洋資源的快速枯竭。

圖9-1整理了以上四種財貨的分類。

圖9-1 四種財貨

	競爭性	非競爭性
排他性	私有財	俱樂部財
非排他性	共有財	公共財

公共財的自發性供給

接著來探討公共財的自發性供給問題。有人會問，不具備排他性和競爭性的財貨，會因為大家自發性的行動而供給無虞嗎？這個問題我用以下的情境來說明，應該就會

清楚了。

現在有A、B兩人，各自選擇是否要將自己的錢捐出來做為公共財。

無論自己是否捐獻（亦即不具備排他性），都可以同時使用這個公共財（亦即不具競爭性）。自己捐獻的公共財不光是自己受益，也造福他人，也就是說自己即使沒有捐獻，也可以從對方的捐獻中獲益，變成**搭便車**（free-rider）。如果A和B都打算搭便車，就沒有人提供公共財了。

來看圖9-2的報償矩陣所顯示的狀況。圖上的四格，分別對應可能發生的四種情況。這些情況包括：（一）A和B都捐獻；（二）只有A捐獻；（三）只有B捐獻；（四）A和B都不捐獻。每個格子中的數值，左邊代表A的獲利，右邊代表B的獲利。想進一步了解表中數值計算方式的讀者，可以參照該圖的說明內容。

在這種狀況下，A該選擇捐獻還是不捐獻？如果B捐獻的話，A不捐獻比較有利（5大於4），如果B不捐獻，A仍是不要捐獻比較有利（3大於2）。因此B不論捐獻與否，對A來說都是不捐獻比較有利。

圖9-2 報償矩陣

A ＼ B	捐獻	不捐獻
捐獻	4,4	2,5
不捐獻	5,2	3,3

這個報償矩陣的數值，是根據以下情境計算出來的。首先A和B各自擁有三項私有財。A和B的選項，只有將自己的三項私有財全部捐出或全部不捐兩種。A和B捐獻的私有財相加乘以2/3為公共財，也就是三項私有財可以被變成兩項公共財。各自的利得是自己留下來的私有財以及公共財的總和。

• 兩個人都不捐獻，公共財的量為0，乘以2/3為0。A的利得為私有財3加上公共財0等於3，B也一樣。

• 只有A捐獻（只有B捐獻的情況也相同），公共財的量為3乘以2/3為2，A的利得為私有財0加上公共財2，等於2；B的利得為B的私有財3加上公共財2，等於5。

• A和B都捐獻。公共財的量為6乘以2/3等於4，A的利得為私有財0加上公共財4等於4，B也一樣。

從這個例子的「不捐獻」可知，不論對方的選擇是什麼，你都可以找到一個比你任何其他選擇更好的選擇，這個選擇就稱為**優勢策略**（dominant strategy）。不捐獻是A的優勢策略，B也一樣，也就是不管A捐獻與否，總之B

不捐獻比較有利，因此不捐獻也成為B的優勢策略。

　　A、B各自選取「不捐獻」的優勢策略，這樣的狀態稱為**優勢策略均衡**。優勢策略均衡下，A的利得為3，B的利得也是3，但卻不是對兩人皆有利的狀態。「A捐獻，B捐獻」的狀態下，A的利得為4，B的利得也是4；也就是當兩人都不捐獻時，各自的利得為3，但兩人都捐獻的話，各自的利得上升到4。

　　如果可以從兩個人都不捐獻變成都捐獻，兩人的利得會都從3上升到4，進入「柏雷托優勢」的狀態，但如果公共財的供給要靠參與者自發地提供，結果反而是出現「柏雷托劣勢」。果真如此的話，對策之一是政府強制課稅，將稅金當作供給公共財的財源。

　　只是，政府決定要對誰課多少稅、公共財的量要多少才適當，又是另一個難題。把放著擺爛的問題推給政府，不保證就可以順利運作。什麼樣的社會機制才能順利發揮機能，就要靠**機制設計**（mechanism design）這一門將賽局理論應用在制度設計上的專業來處理。

第10章

重分配

如何測量貧富差距和貧窮度

在完全競爭市場中,社會剩餘能夠極大化,這是個理想的狀況。市場在增加社會整體財富方面的能力是很強的,但即使市場可以讓財富縱向成長,卻無法讓財富橫向擴張。沒有東西可賣的人就什麼都買不起,市場本身也沒有設置安全網,以拯救陷入困境的人。第10章要介紹貧富差距和貧窮的指標,以測量財富的橫向擴張程度。

所得重分配

　　我愛錢。

　　有了錢就能過舒適的生活，並且減輕痛苦。錢雖然買不到幸福，但是可以避免因為沒錢而產生的不幸。如果能夠用錢買到整個人生該有多好，但是這種事不可能發生。

　　因此我們每天工作，只要工作就有錢賺（多半是如此）。我提供勞力來換取金錢，這樣的交易是我自己決定的，對方應該也這麼想吧——彼此都是出於自願，沒有人是被強迫的，這看起來沒什麼問題；而我認為，支持這種自願性交換的理由，是基於所有權（ownership）的觀念。（編按：所有權是指民法上，權利人對標的物可以直接全面排他性地支配特定物的物權。另可參考民法中的物權。）

　　但是，我因為付出勞力而收到的對價，是否真的全部應該歸屬於我，這點我並不太確定。我認為我付出了所有勞力，但我之所以能這麼做，難道不是因為在至今的人生中，我剛好受過高等教育、獲得獎學金，才成為了這樣的勞動者嗎？也就是說，對價的一部分，或者說是幾乎全部，不都是幸運的恩賜嗎？這個部分應該是自己的嗎？

即使理直氣壯當作是自己的，至於是否公平則又是另一回事。

　　更進一步來說，即使是得到了「和努力相當的對價」，不就只是因為這個人天生很擅長努力嗎？他應該將這個對價占為己有嗎？類似的事情若是一一思考下去可沒完沒了，但是沒完沒了不代表就可以不明是非。

　　此外，說到自願性的交換，所有自願性的交換不見得真的都是自願的。在惡劣環境下成長，到了就業年齡也只能從事條件惡劣的工作以勉強餬口的人，應該不能自由地做出自願的選擇。

　　讓錢從因為幸運而有錢的人，轉移到因為運氣不好而沒有錢的人身上，讓兩個人達到立足點平等，這是比較符合公平正義的。這是從公平正義觀點，使所得重分配制度具有正當性的理由之一。

　　另一個理由是因為風險。天有不測風雲，任誰都會生病，遭遇天災人禍。這時為了避免沒有錢而陷入困境，如果有像是公共救濟之類的所得重分配制度的話會比較好。有這種制度比較有利，這是從損益的觀點，將所得重分配視為如保險一般而給予支持的正當性理由。

但是，損益觀點的正當性，並不算是所得重分配的充分理由。經濟寬裕的人就算生病、遭遇天災人禍，所有金錢支出都是用自己的錢來支應，也就是說所得重分配並不是「全民受益」。損益觀點的正當性，不能成為把重分配的一大資金來源的富人拉進來的正當理由，倒是拉了一群「不關心公正與否，只要自己有利就支持重分配」的人。總之，所得重分配的正當性，係根據公平正義和損益兩種觀點。

基尼係數

就重分配的考量上，要是有個指標能衡量所得分配不公平的程度，那就方便許多。有了衡量指標，就能客觀掌握所得不均的狀態，也比較容易思考如何重分配才是民眾之所望。**基尼係數**（Gini coefficient）就是衡量的指標之一，不僅經常被拿來參考，媒體也常常提到，因此接下來要舉簡單的例子來說明什麼是基尼係數。

假設有A、B、C三人。A的所得為1，B的所得為3，C的所得為6，也就是說，A、B、C的所得分布為（1,3,6）。基尼係數是將三人之間的所得差距相加後，換算成一個0

到 1 之間的數值，做為比較的依據。

　　計算主要分為兩個步驟，詳如圖 10-1 的說明。所得分布（1,3,6）的基尼係數經過計算為 0.33。

計算所得分布（1,3,6）的基尼係數

第一步

- 計算 A 的所得差：A 和 A 的所得差當然為 0，A 和 B 的所得差為 3-1=2，A 和 C 的所得差為 6-1=5，所以和 A 相關的所得差合計為 7。
- 計算 B 的所得差：B 的算法和 A 相同，因此和 B 相關的所得差為 5。
- 計算 C 的所得差：C 的算法和 A 相同，和 C 相關的所得差為 8。
- 所得差的合計：將每個人相關的所得差加總，7+5+8=20。這就是這三個人所得差的總和。

第二步

- 標準化：換算成 0 到 1 的數值。這個例子中的人口為 3，乘以總所得 10 再乘以 2，結果為 60。不光是這個例子，將所得差的總和除以（人數×總所得×2），得出來的數值必定會在 0 和 1 之間。
- 導出基尼係數：基尼係數是將所得差的總和 20 加以標準化，也就是除以 60，結果是 20/60=0.33。

圖 10-1　基尼係數的計算過程

　　現在，A、B、C的所得分布為（1,3,6）。在這個例子中，如果富有的C將所得1移轉給貧窮的A，所得分布就變成（2,3,5），這時基尼係數下降為0.2。即使C將一部分所得移轉給A，C依然比A有錢，像這樣富人的所得移轉給窮人，而且兩者的貧富狀況不因此而逆轉，稱為**庇古道爾頓移轉**（Pigou-Dalton Transfer）。發生庇古道爾頓移轉時，基尼係數會下降。

　　如果繼續實施庇古道爾頓移轉，所得分布最終會變成每個人的所得都相同的完全平等分布，這時基尼係數為0。相反地，1人獨占全世界所得的**完全不平等分布**，基尼係數為1（或接近1）。

　　基尼係數終究只是衡量相對的所得不平等的指標，無法用來評量財富的增加。關於這點舉兩個例子說明。

　　例一：就拿所得分布X=（1,3,6）和Y=（1兆,3兆,6兆）來比較。兩者的基尼係數都是0.33，換言之即使將全民所得乘以一兆倍，基尼係數依然相同。

　　例二：將所得分布X=（1,3,6）和Z=（1,3,7）比較。所得分布從X變為Z，是指A和B所得不變的情

況下，C 的所得增加。套用第 9 章的用語，在不使任何人損失的情況下有人得利，就稱為**柏雷托改善**（Pareto improvement）。在這個例子中，X 變為 Z 是柏雷托改善。柏雷托改善一般被認為是好事，但其實在這個例子中最富有的 C 變得更加富有，因此基尼係數上升了。

關於累積所得分布的補充

接著要對基尼係數做一點補充。所得分布（1,3,6）的**累積所得分布**，是從低所得者開始，將所得逐次與前一人相加，也就是（1,1+3,1+3+6）＝（1,4,10）。為了換算成 0 到 1 之間的數值，於是將累積所得分布除以總所得 10，得到（0.1,0.4,1）。由此可知，「最低三分之一所得者，其所得占全部所得的 0.1」，「最低三分之二所得者，其所得占全部所得的 0.4」。

接著，當每個人的所得都相同，處於完全平等的所得分配時，「最低三分之一所得者，其所得占全部所得的三分之一」，「最低三分之二所得者，其所得占全部所得的三分之二」。此外當人數多的時候，基尼係數「實際（經標準化）的累積所得分布」和「完全平等時（經標準化）的

158

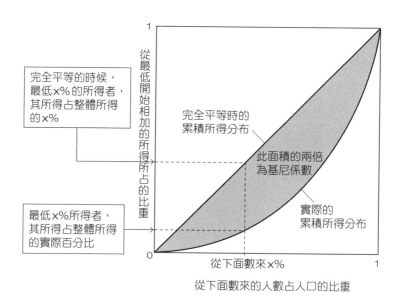

圖 10-2　基尼係數

累積所得分布」兩者相減，就成為圖10-2所示。

　　由於證明起來頗為複雜，本書不詳述，但重點是了解用相加和相除來定義的基尼係數，是這樣用圖形表現。報章雜誌通常用類似的圖來說明基尼係數，理由很簡單，因為報章雜誌用相加或相除來說明基尼係數的話，不會受到讀者歡迎；但是為了計算基尼係數，並且了解其各種性質，用相加或相除的方式比較方便。

　　講得比較細的話，人數為n的時候，最不平等、「只有一人獨占總所得」的完全不平等所得分布，例如n=3時，（0,0,1）的基尼係數為1-1/n。在實際計算基尼係數時，由於人數n多半是成千上萬的大數值，因此一般說明的時候會忽略1/n。也就是，通常會這麼說：「完全不平等的所得分布下，基尼係數為1。」

　　根據經濟合作暨發展組織（OECD）的調查，2014年日本的基尼係數為0.33，略高於OECD會員國的平均值（重分配後的數值）。以下可供參考：基尼係數高於日本的國家有美國約0.39，低於日本的國家有韓國約0.3。

絕對貧窮與相對貧窮

話題從貧富差距來到貧窮。首先，貧窮大致分為兩類，第一是**絕對貧窮**（absolute poverty），即所得不足以維持生存的最低必要程度，世界銀行（World Bank）將貧窮線訂在一日所得1.25美元，也是絕對貧窮的標準之一。

第二類是**相對貧窮**（relative poverty），即生活水準明顯低於周圍的人。以小學的班級為例，只有自己穿著磨破的衣服、不曾全家旅行、沒有拿過聖誕禮物等，大概可算是相對貧窮。相較於絕對貧窮，人們通常不重視相對貧窮的概念，認為活得下去就好啦，然而在社會中過著悽慘的生活，不僅難以維持自己的尊嚴，而且與別人的交流也會變得困難。

OECD訂定的**相對貧窮線**，多半是以所得分布在正中央者的50%為基準。

來看看以下例子中，何謂正中央者的50%。目前有7個人的所得分布，從低到高依序為（1,1,2,3,4,6,7），其中的正中央，在7人當中為所得第四低（也是所得第四高）的人，其所得為3，50%為1.5，就成為相對貧窮線。

所得低於這條線的人，是所得 1 的兩人，達不到相對貧窮線的人占人口的比重，稱為**相對貧窮率**，在這個例子中為 2/7，約為 0.29。也就是說，經過計算，有 29% 的人為相對貧窮。

實際上，根據厚生勞動省的國民生活基礎調查，2012 年日本的相對貧窮率為 16.1%。

市場、貧富差距、貧窮

現在讓我們再次把至今為止學到的關於市場的知識複習一次。市場兩字包含了各種型態，光是本書探討的市場，就包括完全競爭市場、獨占市場、伯特蘭德寡占市場、庫爾諾寡占市場等等。

市場競爭越激烈，往往會導致社會剩餘增加，最極端的完全競爭市場中，每個人都是不具價格影響力的價格接受者，社會剩餘也達到最大。

儘管如此，實際生活中經常有勞工在競爭過程中身心受到傷害，或是市場或企業對他人造成無法挽回的公害，當受到這類無法恢復的損害時，無論社會剩餘提升到何種程度，都無法完全彌補受害者的損失。

　　此外，不同的市場上，優者不見得是贏家。網路外部性強的市場中，即使服務品質低劣，只要在「舊用戶拉新用戶」的情況下占得市場先機，就能夠成為贏家。

　　無論是什麼市場，有競爭就有贏家和輸家，但有時伴隨著競爭會產生受害者，原本就擁有較少的人，在交換上當然從一開始就處於不利的地位。只要是採取市場制度，就難以避免貧富差距，但是在排除一切差距的完全平等社會中，也無法激發競爭的活力，但儘管如此，對貧富差距完全置之不理，並不是人民之福。

　　因此，設法消滅貧窮，並不等於追求完全平等。只要所得的分布範圍廣，就可以消除貧窮，因為所謂消滅貧窮，是把那些處在社會不該有的低生活水準的人，提升到一定的水準。

　　如今，我們把所得低於相對貧窮線的人稱為貧窮。如先前所述，當七個人的所得分配為（1,1,2,3,4,6,7）時，所得低於相對貧窮線 1.5 的人就是窮人，是所得為 1 的兩人。但是由於所得重新分配給貧窮者，7 人的所得分配變成（2,2,2,3,4,5,6），每個人的所得都高於相對貧窮線 1.5，從這個角度來說，貧窮被消滅了。

　　當然，光憑所得無法衡量一個人的整體生活水準，即使所得相同，但是生活上需要別人看護的人，就比不需要的人花費更多的生活費。不過，所得是衡量一個人整體生活狀況的重要變數。

　　本書到此結束。做為一本「入門的入門」的書籍，我想本書已經大致介紹了個體經濟學的基本概念，最後一章不僅是經濟學，也談到更寬廣的社會科學領域。當然本書只是個引子，讀者先進若是因此對於經濟學乃至社會科學更感到興趣，將是我的一大榮幸。

參考書目

　　以下幾本書，或許對想進一步學習經濟學及其相關主題的讀者會有用處。首先是初級程度的個體經濟學教科書，

八田達夫著《ミクロ経済学Expressway》東洋經濟新報社，2013年

　　中級程度的教科書，要屬

神取道宏著《ミクロ経済学の力》日本評論社，2014年

　　中級以上的個體經濟學，必須具備一定的數學知識，關於這點，本書第7章提到的《經出》就是

尾山大輔、安田洋祐編著《改訂版 経済学で出る数学 高校数学からきちんと攻める》日本評論社，2013年

　　這是本很棒的書。賽局理論的入門教科書有

渡边隆裕著《ゼミナール ゲーム理論入門》日本經濟新

聞出版社，2008年

其書寫方式對於學社會科學的學生來說也很容易懂。目前很受到大眾矚目的如何將賽局理論活用到現實制度的設計上，其中：

坂井豐貴著《マーケットデザイン　最先端の実用的な経済学》ちくま新書，2013年（中譯本《如何設計市場機制》經濟新潮社出版）

アルビン・E・ロス（Alvin E. Roth）著《フー・ゲッツ・ホワット》（*Who Gets What — and Why*）櫻井祐子翻譯，日本經濟新聞出版社，2016年（中譯本《創造金錢買不到的機會》天下雜誌出版）

這兩本書有關於這方面的詳細介紹。

本書第2章探討到有關實物給付的好處，關於這方面的財政學新書中，有

井手英策著《日本財政　転換の指針》岩波新書，2013年

此書納入了難以用個體經濟學的方法論來理解的人們的社會觀來闡述財政，推薦與本書一起閱讀。

小塩隆士著《社会保障の経済学》第4版，日本評論社，

2013年

　　此書是探討社會福利的經濟學的最權威教科書。

　　在本書的第4章，談到單純從生產或成本的觀點來理解一家企業，但忽略了企業本身身為「組織」的有機體架構。關於組織的經典名著是：

ケネス・J・アロー（Kenneth J. Arrow）著《組織の限界》（*The Limits of Organization*）村上泰亮翻譯，ちくま學芸文庫，2017年

　　此書直至今日仍有新意。

　　第6章探討的網路外部性，是IT社會中極重要的主題，

ポール・オイヤー（Paul Oyer）《オンランデートで学ぶ経済学》土方奈美翻譯，NTT出版，2016年（中譯本《交友網站學到的10堂經濟學》商周出版）

　　是這方面的好書。關於本書第7章提到的獨占禁止法，推薦讀者閱讀

白石忠志著《独禁法事例の勘所》第2版，有斐閣，2010年

　　此書中有解釋關於史坦威鋼琴平行輸入造成的障礙。本書第9章探討公共財的自發性供給，與人們對社會的信賴程度有很大關係，

山岸俊男著《安心社会から信頼社会へ　日本型システムの行方》中公新書，1999年

　　此書在這方面的論述頗有深意。本書第10章探討有關貧窮的問題，其中兒童的貧窮問題引起社會大眾的迴響，推薦讀者閱讀

阿部彩著《子供の貧困　日本の不公平を考える》岩波新書，2008年

　　另外關於闡述社會良善的福利經濟學，

蓼沼宏一著《幸せのための経済学　効率と衡平の考え方》岩波ジュニア新書，2011年

　　此書用平易近人的方式解說很廣泛的內容。

　　關於所有權、重分配的思考，請讀者參考法哲學方面的傑出教科書

瀧川裕英、宇佐美誠、大屋雄裕著《法哲學》有斐閣，2014年

　　最後列出並非可以輕鬆閱讀但本書有提到的學術論文，第3章提到有關簡森與米勒的季芬財研究，出自

Jensen, R. T. and Miller, N.H. (2008) "Giffen Behavior and

Subsistence Consumption," *American Economic Review*, Vol. 98, No.4, pp. 1553-1577.

第六章提到卡喬波的美國網路交友研究，在

Cacioppo, J. T. *et al.* (2013) "Marital Satisfaction and Break-ups Differ Across On-line and Off-line Meeting Venues," *Proceedings of the National Academy of Sciences*, Vol. 110, No. 25, pp. 10135-10140.

當中有彙總整理的資料。

後記

　　去年春天，愛喝百事可樂的父親到我家時，我一時失察便端了可口可樂出來，結果他一口都沒喝。就在我忽然察覺之際，也決定以可樂的話題做為本書的開端，不知道來由的讀者，請從本書第一章開始讀起。基於如此這般的理由，我要向父親坂井章表達至深的謝意。

　　本書撰寫期間，我在慶應義塾大學、內閣府、日本經濟研究中心教授個體經濟學，我與學員和各界人士的意見交流，無疑使本書的內容更臻完備，因此我想向上課的學員和各方面的經營負責人表達銘感謝忱。

　　謝謝慶應義塾大學的岡本實哲先生與我的內人坂井萬利代閱讀本書的初稿，並提出詳盡的指教，我也要向鼓勵我提筆寫作的孩子們坂井文嘉和坂井樹致謝。

　　繼前作《多數決玩弄了真正民意》（中譯本暖暖書屋

出版），本書的編輯依舊麻煩岩波新書的主編永沼浩一先
生，他軟硬兼施地努力讓我寫完本書，高明的本事令我佩
服，也很感謝他。

2017年2月8日　　　　　　　　　　　　坂井 豐貴

書　號	書　　　名	作　者	定價
QC1001	全球經濟常識 100	日本經濟新聞社編	260
QC1004X	愛上經濟：一個談經濟學的愛情故事	羅素・羅伯茲	280
QC1014X	一課經濟學（50週年紀念版）	亨利・赫茲利特	320
QC1016X	致命的均衡：哈佛經濟學家推理系列	馬歇爾・傑逢斯	300
QC1017	經濟大師談市場	詹姆斯・多蒂、德威特・李	600
QC1019X	邊際謀殺：哈佛經濟學家推理系列	馬歇爾・傑逢斯	300
QC1020X	奪命曲線：哈佛經濟學家推理系列	馬歇爾・傑逢斯	300
QC1026C	選擇的自由	米爾頓・傅利曼	500
QC1027X	洗錢	橘玲	380
QC1033	貿易的故事：自由貿易與保護主義的抉擇	羅素・羅伯茲	300
QC1034	通膨、美元、貨幣的一課經濟學	亨利・赫茲利特	280
QC1036C	1929年大崩盤	約翰・高伯瑞	350
QC1039	贏家的詛咒：不理性的行為，如何影響決策（2017年諾貝爾經濟學獎得主作品）	理查・塞勒	450
QC1040	價格的祕密	羅素・羅伯茲	320
QC1043	大到不能倒：金融海嘯內幕真相始末	安德魯・羅斯・索爾金	650
QC1044	你的錢，為什麼變薄了？：通貨膨脹的真相	莫瑞・羅斯巴德	300
QC1046	常識經濟學：人人都該知道的經濟常識（全新增訂版）	詹姆斯・格瓦特尼、理查・史托普、德威特・李、陶尼・費拉瑞尼	350
QC1048	搶救亞當斯密：一場財富與道德的思辯之旅	強納森・懷特	360
QC1049	了解總體經濟的第一本書：想要看懂全球經濟變化，你必須懂這些	大衛・莫斯	320
QC1051	公平賽局：經濟學家與女兒互談經濟學、價值，以及人生意義	史帝文・藍思博	320
QC1052	生個孩子吧：一個經濟學家的真誠建議	布萊恩・卡普蘭	290

經濟新潮社　〈經濟趨勢系列〉

書　號	書　　名	作　者	定價
QC1055	預測工程師的遊戲：如何應用賽局理論，預測未來，做出最佳決策	布魯斯・布恩諾・德・梅斯奎塔	390
QC1056	如何停止焦慮愛上投資：股票＋人生設計，追求真正的幸福	橘玲	280
QC1057	父母老了，我也老了：如何陪父母好好度過人生下半場	米利安・阿蘭森、瑪賽拉・巴克・維納	350
QC1059	如何設計市場機制？：從學生選校、相親配對、拍賣競標，了解最新的實用經濟學	坂井豐貴	320
QC1060	肯恩斯城邦：穿越時空的經濟學之旅	林睿奇	320
QC1061	避稅天堂	橘玲	380
QC1062	平等與效率：最基礎的一堂政治經濟學（40週年紀念增訂版）	亞瑟・歐肯	320
QC1063	我如何在股市賺到200萬美元（經典紀念版）	尼可拉斯・達華斯	320
QC1064	看得見與看不見的經濟效應：為什麼政府常犯錯、百姓常遭殃？人人都該知道的經濟真相	弗雷德里克・巴斯夏	320
QC1065	GDP又不能吃：結合生態學和經濟學，為不斷遭到破壞的環境，做出一點改變	艾瑞克・戴維森	350
QC1066	百辯經濟學：為娼妓、皮條客、毒販、吸毒者、誹謗者、偽造貨幣者、高利貸業者、為富不仁的資本家……這些「背德者」辯護	瓦特・布拉克	380
QC1067	個體經濟學 入門的入門：看圖就懂！10堂課了解最基本的經濟觀念	坂井豐貴	320

書　號	書　　名	作　　者	定價
QD1001	想像的力量：心智、語言、情感，解開「人」的祕密	松澤哲郎	350
QD1002	一個數學家的嘆息：如何讓孩子好奇、想學習，走進數學的美麗世界	保羅・拉克哈特	250
QD1003	寫給孩子的邏輯思考書	苅野進、野村龍一	280
QD1004	英文寫作的魅力：十大經典準則，人人都能寫出清晰又優雅的文章	約瑟夫・威廉斯、約瑟夫・畢薩普	360
QD1005	這才是數學：從不知道到想知道的探索之旅	保羅・拉克哈特	400
QD1006	阿德勒心理學講義	阿德勒	340
QD1007	給活著的我們・致逝去的他們：東大急診醫師的人生思辨與生死手記	矢作直樹	280
QD1008	服從權威：有多少罪惡，假服從之名而行？	史丹利・米爾格蘭	380
QD1009	口譯人生：在跨文化的交界，窺看世界的精采	長井鞠子	300
QD1010	好老師的課堂上會發生什麼事？──探索優秀教學背後的道理！	伊莉莎白・葛林	380
QD1011	寶塚的經營美學：跨越百年的表演藝術生意經	森下信雄	320
QD1012	西方文明的崩潰：氣候變遷，人類會有怎樣的未來？	娜歐蜜・歐蕾斯柯斯、艾瑞克・康威	280
QD1013	逗點女王的告白：從拼字、標點符號、文法到髒話……英文，原來這麼有意思！	瑪莉・諾里斯	380
QD1014	設計的精髓：當理性遇見感性，從科學思考工業設計架構	山中俊治	480
QD1015	時間的形狀：相對論史話	汪潔	380
QD1016	愛爺爺奶奶的方法：「照護專家」分享讓老人家開心生活的祕訣	三好春樹	320
QD1017	霸凌是什麼：從教室到社會，直視你我的暗黑之心	森田洋司	350
QD1018	編、導、演！眾人追看的韓劇，就是這樣誕生的！：《浪漫滿屋》《他們的世界》導演暢談韓劇製作的祕密	表民秀	360

經濟新潮社　　　　〈自由學習系列〉

書　號	書　　　名	作　　者	定價
QD1019	**多樣性：認識自己，接納別人，一場社會科學之旅**	山口一男	330
QD1020	**科學素養：看清問題的本質、分辨真假，學會用科學思考和學習**	池內了	330
QD1021	**阿德勒心理學講義2：兒童的人格教育**	阿德勒	360

國家圖書館出版品預行編目資料

個體經濟學 入門的入門：看圖就懂！10堂
課了解最基本的經濟觀念／坂井豐貴著；
陳正芬譯. ── 初版. ── 臺北市：經濟新潮
社出版：家庭傳媒城邦分公司發行，
2019.02
　　面；　公分. ──（經濟趨勢；67）
　　ISBN 978-986-97086-5-4（平裝）

　1.個體經濟學

551　　　　　　　　　　　　　　108001434